ローマの道化師

CLOWNING IN ROME

独り静まること、独身でいること、
祈り、観想についての省察

ヘンリ・ナウエン
中村佐知 訳

あめんどう

Clowning in Rome

REFLECTIONS ON SOLITUDE, CELIBACY,
PRAYER, AND CONTEMPLATION

by Henri J. M. Nouwen

This translation published by arrangement with Image,
a imprint of Random House. a division of Penguin Random House LLC.
through Japan UNI Agency Inc, Tokyo

とても謙虚な人、教皇パウロ６世を偲んで

◎聖書の訳はおもに『聖書 新改訳2017』©新日本聖書刊行会を用いた。
◎原注は＊で示し、欄外に解説した。訳注は［ ］で示した。
◎聖書箇所を示す場合、書名は略称を用いた。例：ヨハネの手紙第一→Ⅰヨハ

謝辞

本書は、ローマにある英語を話す人々のコミュニティーで行われた4つの講演から生まれました。

最初に、ハロルド・ダーシーに感謝します。ハロルドは、ローマのノース・アメリカン・カレッジ〔バチカン市国にある神学校〕で1学期を過ごすよう私を招待してくださり、独身でいることと観想に関する講義を行う機会を与えてくれました。また、ピーター・スローコムとジョセフィン・ラッカーに感謝します。ピーターはベダ・カレッジ〔神学校〕の神学生たちに祈りについて、ジョセフィンは国際女子修道会総長連盟〔女性聖職者のための教育支援組織〕のメンバーに、独り静まること《ソリチュード》について、私の考察を分かち合うよう招いてくれました。

また、エンリコ・ガージリとマシュー・クラークには本稿に建設的な批評をしてくださったことに、スティーブン・レイヒーとフィル・ズィダーには文体を整えていただいたことに、そしてアイダ・ベルトーニ、ポール・ホームズ、デビッド・ランカスターの三者には秘書としてお世話になったことに、特に感謝の言葉を捧げます。

さらに、「家」を離れて過ごす機会を与えてくれたフレッド・ホフハインツとリリー基金のスタッフにも心から感謝申し上げます。

最後に、今回もこれまで同様に、かけがえのない援助とサポートをしてくれた私の友、ジョン・モガブガブに感謝いたします。

もくじ

改訂版への序文

ヘンリは子どものころサーカスに夢中になり、その思いは大人になってからもずっと変わりませんでした。長年、特に晩年は、サーカスを題材にして霊的生活に関連する小説を書こうと準備していましたが、彼の早すぎる死によって実現することはありませんでした。

ヘンリは70年代後半にローマを訪れました。彼はそこで、ある人たちに出会いました。それは、小さな、傷ついた、目立たない、しかし時には暴力に走ることもある、苦しみの中にいるのに誰からも気にかけてもらっていないような人々を、熱心に世話している人たちでした。ヘンリはその人たちのことを、「ローマの道化師」だと考えるようになりました。

巡礼者と暴力の街であるローマで、そうした周縁化された人たちの世話に人生のエネルギーを注いでいる、一風変わった「道化師たち」の生き方を目の当たりにしたのです。その生きざまに触発されたヘンリは、神と他者のために愛と奉仕の人生を選択するという、まるで道化師のようなその愚かさについて語るようになりました。

最初の章「独り静まること《ソリチュード》と共同体」では、ヘンリはこの「愛と奉仕に生きることを選んだ人生」を、「独りだが孤独ではない」と表現しています。彼は、私たちが独りになって静まることを選ぶとき、互いに近づいたり、必要であれば距離をとったりする優しさや、安らぎや内なる自由が育まれると教えてくれます。そして、独り静まることは、あらゆる形での親密さへの優しい導き手であると言います。

独りになると、無条件に愛されたい、自分の全存在をもって愛したいという私たちの深い願望があらわになり、私たちを「愛されている者」と呼んでくださる方との出会いがより容易になります。独りであることは、間接的に人間関係を変化させ、共同体を築きます。ヘンリによれば、共同体とは、何かに怯《おび》えて身を寄せ合う人たちや、同じ怒りに駆り立てられた人たちによる集団ではなく、皆が神の子であるという共通の立場によって結ばれた人々による集まり（Body）のことなのです。

この愛と奉仕の生活には、「聖なる空間」というもう一つの側面があります。ヘンリはこれを「独身でいることと聖なるもの」［第2章］と呼びます。このテーマについて語るに当たり、ヘンリはまずローマにある教会堂の説明から始めます。それは、美しい枠に囲まれた空白の空間、つまり、有用でも実用的でもない静謐《ひつ》な空間のことです。ほとんどのときは空《から》ですが、聖なるお方のために取り分けられている「聖なる」空間です。枠に囲まれたこれらの空白の空間は、現代社会において独身者として生きることに意味を与えるイメージだとヘンリは言います。

彼は、人間の孤独な状態をかつてないほどに自覚していました。そして人間関係、特に親密な関係は、人を最も深い痛みから解放してくれると私たちは信じ込まされている、と指摘します。そこから生まれるのは幻滅、苦悩、憤り、苦味、暴力、怒りです。

それにもかかわらず、すべての親密さの中心には、聖なる空白、つまり愛を造られた方のために確保されたスペースが存在し得るのです。これは非常に個人的な空間であり、保護され育まれることで、成熟した愛と友情のための肥沃《ひよく》な土壌ともなります。

結婚せず、独身を誓う献身生活に身を捧げることによって、この聖なる空白をより徹底的に証しする人もいるかもしれません。結婚せず、人間の愛の最も親密な表現を自制する独身者は、道化師のような愚かさを選びます。しかしたとえ愚かしく見えても、彼らには「この空っぽで神聖な空間を満たしてくださる愛の神がおられるなら、それで充分だ」、という希望がいつもあるのです。

ただしヘンリのビジョンでは、独身でいることの実践は、パートナーがいようといまいと、各人のためのものです。それは贈り物（賜物）であって、私たちの内に住まわれ、私たちの内なる聖域を神聖なものにしてくださるお方から受け取るものなのです。

愛と奉仕の生活におけるもう一つの要素は「愛なるお方との交わり」です。ヘンリはそれを「祈りと思考」［第3章］と名付けました。真の教師であるヘンリは、私たちの絶え間ない思考が、愛なる方との継続的な会話へと変容される可能性を、比喩的なイメージと情熱をもって説明します。彼はこう確信しています。祈りとは、恐怖に満ちた孤立状態にある混乱した思考パターンを、私たちを無条件に愛してくださる方との恐れのない会話へ向かわせることである、と。

ヘンリは、私たちの思考を変容させるためには時間がかかることをよくわきまえています。深い恐れ、偏狭さ、抵抗心を克服し、私たちの願望のすべて、思いのすべて、生活のすべてを愛なる神との対話へと喜んで変えていただくには、時間が必要だと彼は言います。

「修練」とは人気のない言葉ですが、それはイエスの弟子がたどる道です。イエスの弟子は、自分の人生、仕事、与えられた立場、個性に従って、惜しみない、明白な愛の行為を実践するのです。自分にとって支えとなる修練を選ぶなら、愛そのものであるお方との出会いにおいて、真の親密さを体験できる可能性がはるかに高まります。

霊的旅路を歩む人に本書が差し出す最後の実践は、「愛することとケアすること」です。ヘンリはそれを「観想とケアすること」〔第4章〕と題します。ミケランジェロは、白い大理石の塊を見つめ、観想し、死んだ息子を膝の上に抱く愛情深い母親の姿を思い描きました〔システィナ礼拝堂のピエタ像を示唆〕。優れた彫刻家である彼は、自分が大理石の中に見たものを他者にも「見えるようにした」のです。

ヘンリは、この偉大な芸術家のように、観想しケアする生活とはどのようなものであるか、私たちに見えるようにしてくれます。それは、自然との関係、時間との関係、互いとの関係という三つの中心的な関係において、私たちを不透明な状態から透明な状態へと導く生活です。

環境汚染の増加は、私たちが自然という贈り物を感謝と賞賛と深い畏敬の念をもって受け取らず、放置していることの兆候です。時間もまた、私たちを脅かし、奴隷にしているかのようです。それはもはや、成長し、新しい生命を育み、愛への新しい可能性を内包した優しい機会、すなわち「種《たね》」ではなくなりました。そしてついには、両親、パートナー、兄弟、姉妹、友人との痛みを伴う壊れた関係という過去が、神の子として互いに属しているというかけがえのない真実の関係から受け取ったり与えたりすることを妨げるのです。

神の美と神秘を観想する（見つめる）ことは、深い癒やしとなり、私たちと宇宙、時間、そして互いとの間にある関係に深い意味を与えてくれます。ヘンリによれば、観想とは霊的生活における特別な「窓」であり、私たちの世界を、それ自身を超えたところにあるものとして見ることを可能にしてくれるものです。そして私たちの人生のユニークで神秘的な価値を認識することで、互いを思いやり、責任を負い合うことができるようになるのです。

本書の改訂版出版のために原稿を読み直したとき、私はこの小さな文書が、いかに知恵に満ち、今日の私たちにも深く関わってくるものであるかに驚きました。ヘンリがこの文書を書いたときは、まだ40代であったはずです。しかしこの文書には、霊的な道、すなわち神と親しく歩む道を選ぶことの愚かさと知恵について、時代を超えた普遍的な洞察があります。

この改訂版では、いまでは古びたように思われる言葉の多くを、私の判断で変更しました。もしヘンリがこの本を改訂していたら、現代のより多くの読者に届くために、同じことをしただろうと思ったからです。

私たちの文化は、独り静まること、独身でいること、祈り、観想といった価値観をすっかり脇に追いやってしまいました。その結果、私たちは心や人間関係にむなしさを感じています。本書『ローマの道化師』は、私たちの共同体の内や外にいる、私たちが脇に置いて忘れてしまいたいと思うような人たちに、危険を冒してでも触れてみようという気にさせるかもしれません。

ホームレス、けんか好き、人々から拒絶された人、乱暴な人、自分の進むべき道が分からない人、他者との協力が苦手な人、傷つきやすく弱い人は、現代の預言者です。彼らは、人生というサーカスで道化師になるようにと、私たちを手招きしています。

ヘンリは確信しているのです。道化師となって愛と寛容という膨大なエネルギーを愚かしくも浪費する、それこそが神に愛されている神の子どもであること、そして忠実さと活力と希望をもって他者を愛することの愚かさと喜びを経験する方法である、と。

スー・モステラー、CSJ（聖ヨゼフ修道女会）

ヘンリ・ナウエン文書センター

2000年1月

はじめに

サーカスの周縁で

この小さな本はローマで生まれました。私は常々、数週間の休暇ではなく、もっと長い期間ローマで生活するのはどんな感じだろうと思っていました。今回、ノース・アメリカン・カレッジのスタッフが私をローマに5か月間招待してくれたため、ついにそれを体験できました。

バチカン市国やヴィットーリオ・エマヌエーレ記念堂を一望する建物に住むことに慣れるまで、しばらく時間がかかりました。サンピエトロ大聖堂での厳粛な儀式とヴェネツィア広場でのデモの熱狂ぶりに慣れるのにも、しばらく時間がかかりました。信心深さと暴力が拮抗《きっ》するこの街で、くつろげるようになるのにも時間がかかりました。また、サンピエトロ広場の敬虔な礼拝者もナヴォーナ広場のボヘミアンも、同じようにローマ人の生活の一部として当然に思うようになるまでにも、時間がかかりました。

しかし、1か月もすると、その堂々とした建物も、大勢の人々も、センセーショナルな出来事も、目には見えないけれどももっと深く浸透している何かのための、舞台装置に過ぎないように思えてきたのでした。

ローマでの5か月間、私に最も影響を与えたのはバチカンの赤装束の枢機卿たちでも「赤い旅団」［イタリアの極左テロ組織。70年代に政治家や実業家を多く殺害］でもなく、大きな出来事の合間に起こったいくつもの小さな出来事でした。聖エジディオ共同体の学生たちが、小学校の落ちこぼれや高齢者たちと「無駄な」時間を過ごしている姿に出会いました。トラステヴェレ［ローマの下町］の2階の部屋で、なすすべもなく孤立してしまった二人の老女に自分の時間を捧げている、医療宣教団のシスターに出会いました。

夜中に路上で泥酔している人を保護し、ベッドと食べ物を与えている若い男女にも出会いました。障がい者のための共同体を作っている司祭にも会いました。ローマ郊外で、３人の若いアメリカ人と共に、観想共同体を立ち上げた修道士にも会いました。神の神秘に浸りきって、その顔から神の愛を放っている女性にも出会いました。

このように、人生を惜しげもなく他の人々に捧げている多くの聖なる人たちに出会ったのです。そして、ライオン使いや空中ブランコ乗りがまばゆいばかりの妙技で私たちの目を奪うこの「ローマ」という大サーカスにおいて、真実で本物の物語を語っているのは道化師たちではないかと、私はだんだんと悟るようになったのです。

道化師は催し物の中心にいるわけではありません。私たちは英雄たちの手に汗握る演技を見に来ますが、道化師はその素晴らしい演技の合間に登場し、失敗したりこけたりして何度も私たちを笑わせます。不器用で、何をしても失敗し、滑稽で、バランスもうまく取れません。それでも……道化師は私たちの味方です。

私たちは、賞賛ではなく共感で、驚きではなく理解で、緊張ではなく微笑みで、彼らに応えます。

名人芸を見れば、「よくもまあ、こんなことができるもんだ」と言うでしょうが、道化師を見ると「私と同じだ」と言うでしょう。道化師は、涙と微笑みをもって、私たちが同じ人間の弱さを共有していることを思い出させてくれるのです。ですからオランダのハイェ・ファーベルやアメリカのスワード・ヒルトナーといった牧会心理学者が、現代社会においてケアや奉仕をする人々の役割を理解するための強力なイメージを道化師の中に見出したのは、驚くにあたらないでしょう。

ローマでの滞在が長くなるにつれ、私は道化師たちを楽しむようになりました。道化師とは、路上での暴力や誘拐に脅かされる街にあって、謙虚で聖人のような生き方で笑顔や希望を呼び起こす、周縁部にいる人物たちのことです。ローマの教会を、想像力のない官僚機構、保守主義の堅固な砦《とりで》、ルネサンス芸術の見事な美術館と考えるのは短絡的でしょう。

ローマには、バチカンの内外を問わず、このような考えを覆すような道化師があまりに大勢いるのです。ローマの教会を彩る黒、紫、赤の後ろに、ローマ教皇庁のオフィスのスーツとネクタイの後ろに、希望を与えるのに充分な道化らしさが残っているとさえ感じるようになりました。

本書の4つの章の根底にあるのは、そのような希望です。この4つの章は、英語を話すローマ在住のシスター、司祭、神学生のための講義として書かれました。しかし霊的旅路をたどる他の人たちにも読んでいただいてもいいかもしれません。なぜならこれらの章は、独り静まること、独身でいること、祈り、観想という4つの道化師的な要素に注意を向けるよう呼びかけるからです。

ローマの道化師たちに対する私の愛が深まるにつれ、私も少しは道化師のようになりたいと思うようになりました。そして、退いて独りになること、空白(emptiness)を大切にすること、神の前に裸で立つこと、物事をただありのままに見ることなど、愚かしいことについて語りたいと思うようになりました。

ローマという、この充実して堂々とした、由緒ある忙しい都市には、私たちの存在のもう一つの側面、つまり遊びたい、踊りたい、微笑みたい、その他多くの「役に立たない」ことをしたいという、非常に深い願望があるに違いないと感じるようになったのです。

多くの運営管理の責任に追われるシスターたちは、独り静まることについて知りたがっていました。神学生たちは孤独な生活の危険性をすでに感じており、独身という生き方について逡巡《しゅん》していました［カトリックの神学生は、やがて生涯独身で過ごす請願をする］。司祭たちは、ケアと奉仕に従事する生活がいかに多忙であるかを知っていたので、祈りに専念する生活など本当に可能なのだろうかと疑いを抱いていました。

そして、ローマの大学で授業を受け、政治的、社会的、文化的な生活により深く関わるようになった神学生たちは、独り静まり、観想したいという願いを満たすことなどできるのだろうかと疑問に思っていました。

私が本書の題名を『ローマの道化師』としたのは、依頼された講演の題材がすべて、「イル・メッサジェロ」や「イル・コリエレ・デラ・セラ」といった新聞の紙上を賑わすような世界からかけ離れた、社会の周縁に属するもののように思われたからです。しかし同時に、ここで問われている問いは、聖霊のいのちにとって極めて中心的なことです。

4つの章は論理的な順序で並んでいるわけではないので、単独で読んでもかまいません。そこに共通するのは、どの章もローマからインスピレーションを得て、ローマに住む人々に向けて書かれたものだということです。

しかし、これらのテーマには普遍性があり、霊的旅路を歩むすべての人がこの考察から益を得られるかもしれないと、私は後になって気づきました。特定の場所と特定の聴衆が本書の書かれた文脈を彩り、この本にややでこぼこした性格を与えています。しかし、ローマの道化師が洗練された演技をするなら、もはや微笑みを呼び起こすものにはならないでしょう。

第1章　独り《ソリチュード》になることと共同体

はじめに

ここ最近のニュースをふり返ってみると、いかに私たちの世界が非常事態にさらされ続けているかが分かります。ローマでは判事が殺されました。キリスト教民主党のリーダーであったアルド・モーロが誘拐され、彼のボディーガード5人も殺されました。トリノでは警官が射殺され、ミラノでは若い左翼の学生2人が殺害されました。オランダではモルッカ人のテロリストが政府ビルを占拠し、数時間にわたって国中を恐怖に陥れました。

イスラエルではパレスチナ人ゲリラがバスの乗客34人を殺害し、レバノンでは報復行動で数百人の男女や子どもが命を落としました。ローデシア、エチオピア、ソマリアでは、度重なる交渉にもかかわらず戦争状態が続いています。米国やほかの多くの国ではストライキが経済を脅かし、大勢の人々が生活に対する深刻な不満をあらわにしています。

ベオグラードで開催された人権に関する世界会議では、何の重要な合意にも至らないまま、ソビエト連邦、アルゼンチン、パラグアイなどの国でのさらなる人権侵害が報告されました。世界の主要国間の関係は悪化し、核兵器の増強により世界的なホロコーストの可能性が高まっています。そして西暦の第二千年紀が終わろうとしている今、私たちの世界は恐怖が蔓延《まんえん》し、絶望感が深まり、人類は本当に自滅寸前まで来てしまったという、麻痺《まひ》するような意識が満ちています。

私たちは非常事態に向かっているのだろうかと、もはや自問するまでもありません。今すでに、そのただ中にいます。そして、未来も過去の繰り返しだろうと思っています。

これからの数十年は、戦争や飢餓、抑圧が増えるだけでなく、そこから逃れるためのいくつもの必死の試みが見られるだろうことは、大予言者でなくとも予測がつきます。そして自死が麻薬のように広がり、新しいタイプの狂信者が国中を巡り歩き、これからやって来るものを告知して人々を怖がらせたり、世界の破局を避けるために複雑な儀式を行う、多くの奇妙なカルトが現れたりするでしょう。

私たちはそのような時代に対して備えなければなりません。キリストの名を語り、まったく霊的ではない行為をする、新しい宗教運動の噴出に備えねばなりません。つまり、恐怖、猜疑《さいぎ》心、相互不信、憎悪、肉体的・精神的拷問、そして増大する混乱が、大勢の人々の心を暗くする世界で生きていく覚悟をしなければならないのです。

この暗い世界の中でこそ、私たちは生き、希望を放つようにと招かれています。それは可能でしょうか。私たちは人類家族の兄弟姉妹の光となり、塩となり、パン種となることができるでしょうか？　この時代の人々に、希望と勇気と自信を差し出すことができるでしょうか？　私たちは、この麻痺させるような恐怖を突破する勇気を持てるでしょうか？

人々は私たちを見て、「見なさい。あの人たちがいかに互いに愛し合い、隣人に仕え、彼らの主に祈っているかを!」と言ってもらえるでしょうか? それとも、この歴史の節目において、私たちは必要な力も寛大さも持ち合わせていないと告白しなければならないのでしょうか? 他者に希望を与えるために、私たちはどのように希望に生きることができるでしょうか? そして、どうすれば真の喜びを見出すことができるでしょうか?

独りになること《ソリチュード》についての省察を書いてほしいと頼まれたとき、私が気づいたのは、今日の私たちが直面しているこの緊急の問いの文脈で語る必要があるということでした。独りになることと共同体の関係を、単に一般論として語ることは簡単ですし、ついそうしたくなるでしょう。しかしそれでは、この状況の緊急性を訴えることはできません。

そこで私は、私たちの生きているこの世界の状況こそが、今日の真剣な探求者の生活における独りになることの深さと美しさについて、いかに私たちの心に新しい理解を与える可能性を持っているかを説明しようと思います。

私はこれから、個人として、家族として、そして共同体（宗教と世俗の両方）としての生活について、親密さ（「いかに愛し合っているか」）、奉仕（「いかに互いに仕え合っているか」）、祈り（「いかに彼らの主に祈っているか」）の三つの観点から語りたいと思います。なぜならこれらは、私たちが癒やされ、また癒やし人となるためのいのちを与える力だからです。

さらに、独りになって静まることを聖霊への従順、心のきよさ、そして簡素な生活と結びつけ、それぞれ考察したいと思います。私たちの共同体での生活と証しにおけるこの三つの側面が、独身でいること、従順、清貧とどのように結びついているのか、また、そこには静まる時への深い献身がいかに必要かを示したいと思います。

独りになることと親密さ

恐怖と怒りの力

独り静まること《ソリチュード》は、どのように私たちの世界を助けることができるでしょうか?「独り」を実践することで、私たちはどのように世界に愛をもたらすことができるでしょうか?

非常事態が優先されるこの社会では、恐怖と怒りが強い力を持ちます。毎日の新聞で見る、恐怖や怒りに駆られて結束した人々だけではありません。身近な家族や地域社会の中にも、恐怖や怒りに悩まされ、心穏やかでいられない人たちが少なくないことに気づかされます。人々に居場所を提供する共同体、すなわち不満を表現し、失望を分かち合い、痛みが癒やされることのできる場の必要性が高まっており、私たちはその必要を満たすために模索しています。

以前の私たちは安心感と自信があったのに、いまや自信喪失に苦しみ、時には深い無力感にさいなまれています。自分が選んだ職業にこれまでずっと満足していたのに、いまや人生の選択の意味に疑いを持ち、私の人生は他の人の役に立っているだろうかと考えてしまいます。私は好ましくない動機や誤った野心で汚れているのではないか、とさえ思うかもしれません。そして、私は本当に自由な決定を下すことができるのだろうかと自問します。

この自己不信の念は深い疎外感と孤独感を生み、自分の文化や共同体の中で、新しい、より快適なライフスタイルを開拓しようと私たちを駆り立てます。いまや私たちは、自分の本当のニーズがいかに深いものであるか、そして、置かれた場所で満足することがいかに難しいかに気づきつつあります。これまで意識下にとどまっていた情愛、友情、親密さへの深い切望が、意識の中心に陣取るようになるのも驚くにはおよびません。

私たちはセクシュアリティー、自由、責任、罪悪感、恥といった領域で悩み、苦しんでいます。こうした痛切な切望により、過去と完全に決別し、より直接的に体験できる新しい形の親密さを求めるようになります。多くの場合、この世界における恐れや怒りを特に敏感に感じる人たちは、解決策を最も強く求めます。同時に、どんな家族や共同体でも満たすことのできない情愛や優しさを、より深く必要とするようにもなります。このニーズはやっかいで痛々しいものです。

このように、この世界の恐怖と怒りのせいで、私たちは笛を吹いて人を踊りに誘う子ども（ルカ7・32）のようになれなくなってしまったのだろうかと思います。内なる苦悩と不安があまりにも大きくなり、肉体的にも精神的にも、何とか生きていくことが私たちの最大の関心事になってしまいました。このような心配は私たちのエネルギーを奪うので、神の愛と思いやりに満ちた臨在を、実感と確信をもって体験することがほとんどできなくなっています。

これらのことから分かるのは、生活の中で真の親密さを体験していないと、私たちは恐れと怒りに満ちたこの世界で、安全で幸せな環境を長く維持することができない、ということです。そこで私は、日々の生活において独りになって静まることの重要性を、丁寧に、注意深く見ていきたいと思います。

もしかしたら、この世界で緊急に求められることを優先するあまり、私たちが静まることを重視しなくなったせいで、キリストの証人としての生活の根幹を危うくしてしまったのかもしれません。そこでまず、永続的な親密感の源としての「独り」について述べたいと思います。

衝動からの解放

「独り」、つまり独り《ソリチュード》でいることとは、恐怖や怒りといった非常事態がもたらす絆よりも、ずっと深淵な絆で私たちが結ばれる場です。恐怖や怒りは確かに私たちを駆り立てますが、互いへの愛を生み出すことはありません。独りになって静まるとき、私たちは、共に駆り立てられた存在ではなく、共に導き合わされた存在なのだと気づきます。

独りになって静まるとき、私たちは同胞を、自分の最も深い欲求を満たすパートナーとしてではなく、すべてを包み込む神の愛を可視化するために共に召された兄弟姉妹として知るようになるのです。そのとき、家族や共同体とは、何らかの共通のイデオロギーではなく、神からの共通の呼びかけに対する応答であることを発見します。独りになって静まるとき、共同体とは作られるものではなく、じつは与えられるものであることを経験するでしょう。

ですから「独り」とは、「共に過ごす時間」の対極にある「プライベートな時間」ではなく、疲れた心を回復するための時間でもありません。「独り」は、忙しい日常から退く「小休止《タイムアウト》」とはまったく異なるのです。むしろそれは、共同体を育む土台です。一人で祈ったり、勉強したり、本を読んだり、文章を書いたりするとき、また他者と対面で交流する場から離れて静かな時間を過ごすとき、互いにより深い親密さに入っていけるよう、私たちは整えられているのかもしれません。

親密さは、一緒に話したり、遊んだり、働いたりするときだけに増すと考えるのは誤りです。そのような交流は確かに大きな成長をもたらしますが、その交流が実を結ぶのは、独りになることを通してです。なぜなら独りになってこそ、互いの親密さが深まるからです。「独り」の中では、実際に一緒にいることではなかなかできないような方法で互いを発見します。「独り」の中で、私たちは言葉や身振りや行動に依存しない絆、自分たちの努力では作り出せないほどの深い絆を知ることになるのです。

もし共に生きるということが、一緒に時間を過ごし、話をし、食事をし、礼拝をするといった物理的な近さに基づくものであるなら、気分や個人の魅力や他者との相性によって人生はたちまち不安定になり、非常に面倒で疲れるものになります。一方、独りになることは、何かを一緒に行うことに先立つ、本質的な一致に私たちを目覚めさせます。

独り静まる中で、私たちは次のことに気づきます。私たちは一緒になる前から一緒にいたのだと。そして人生とは、意志の力で作り出すものではなく、「私たちは結ばれている」という現実に対する従順な応答なのだと。

独りで静まりの中に入るとき、私たちは対人コミュニケーションを超越した愛を証しし、最初に愛されたからこそ互いに愛し合うのだと宣言することになります（Ⅰヨハ４・19）。私たちは独りでいることにより、私たちを支え、力を与えてくれる愛とのつながりを保つのです。

それは私たちを、恐れと怒りによる衝動から解放し、不安で暴力的な世界の中にある希望のしるし、また勇気の源として存在することを可能にします。つまり独りでいることが、「見なさい、いかに彼らが愛し合っているかを」と周囲の人に言わせるような、自由な共同体、自然な家族を生み出すのです。

貞潔な愛

このように、独り静まる時を肥沃な大地と捉えることは、非常に現実的な意味を帯びます。個人での沈黙、内省、祈りは、一緒に行動し、一緒に働き、一緒に遊び、一緒に礼拝することと同じくらい重要なのです。

私が深く確信しているのは、優しさ、穏やかさ、心の平安、そして互いに近づいたり離れたりするための内なる自由は、独り静まる中でこそ育まれるということです。静まりがなければ、私たちは互いに執着し始めます。自分が相手からどう思われているかを気にし始めます。疑い深くなり、相手に対してすぐにいら立つようになります。そして無意識のうちにも、疲れるほどの過敏さで互いを吟味することが多くなるのです。

独り静まる時を持たなければ、ちょっとしたぶつかり合いもすぐに大きくなり、痛みを伴う傷を負うことになります。そして「話し合うこと」が負担になり、日常生活はあまりに自意識過剰になるので、長期的な同居は苦痛のためほとんど不可能になります。独りになって静まる時間を持たないなら、「彼は、彼女よりも私を愛しているだろうか？　今日、私たちが示した愛は昨日より劣っていないだろうか」と、多いか少ないかという不快な問いに絶えず悩まされることになります。このような問いは、分裂、緊張、不安、そしてお互いのいら立ちに容易につながっていきます。

しかし、独りになるなら、私たちは神に頼ることを学びます。神は愛のうちに私たちを呼び集め、私たちを休ませます。私たちはたとえ互いに自分をうまく表現できないとしても、神を通して互いを楽しみ、信頼することができます。

独りになることによって、相互不信がもたらす弊害から守られ、私たちの言葉や行動は、信頼できるか否かの証明をさりげなく求めるための手段ではなく、すでにある信頼に対する喜びの表現となるのです。独り静まる中で、自分たちを超越した愛のさまざまな現れとして、互いを経験することができます。

「独り《ソリチュード》」は、自分のセクシュアリティーをどう生きるかにも影響を与えます。独りになって静まることにより、愛する能力の証しとして自分のセクシュアリティーを見ることがなくなり、愛に飢えていることからくる衝動から解放されます。「独り」は、私たちの性的感情を無条件の愛と交わりへの切望として経験することを可能にします。独りになって静まることで、自分の性的アイデンティティーにもっと自由に応答できるようになります。霊的生活に献身する男女にとっては、性的禁欲さえも現実的な選択肢となるのです。

誰にとっても、「独り」は貞潔が生まれる場となります。貞潔とは明らかに、性的な禁欲以上の意味を持ちます。それは、あらゆる形の親密さへの優しい導き手なのです。貞潔に生きることで、私たちは神の愛情を深く知ることができ、多くの「べき」や「ねばならない」に捕らわれることなく、この世界で創造的な関係を築くことができるようになります。貞潔は私たちを世俗的な強迫観念から解放することで、親密さをより可能にするのです。

ですから独りになって静まることは、私たちの生活にとって不可欠です。恐れや怒りの力から私たちを解放し、現代世界に蔓延《まん》する非常事態を超越した親密さの感覚をもたらすからです。それは、私たちに希望を与えてくれます。なぜなら、私たちが互いを見つめ、新たな驚きをもってこう言うようにと促すからです。「見なさい、私たちがいかに愛し合っているかを」と。

独《ソリチュード》りと支援《ケア》

支援の働きの個人化

「独り」はまた、奉仕という共同体の証しをどのように強化するのでしょうか。非常事態に対する対応として最もよくあるのは、長期的な目標を脇に置き、緊急性の高い問題に集中することです。都市や町が爆撃されれば、医師は複雑な医学的問題の研究を中断し、負傷者に応急手当てをするでしょう。非常事態にあるという感覚が文化に浸透し始めると、慎重に検討された長期的プロジェクトは、短期的な解決策、暫定的な支援、一時的援助によって、たちまち後回しにされてしまいます。

家族や隣人に対する私たちの奉仕や支援は、この非常事態の感覚に深く影響されていないでしょうか。私たちの多くが何十年にもわたって取り組んできたさまざまな支援の働きが、突然その魅力を失い、それを行うためのエネルギーも失われてしまうかのようです。

教師職、病院勤務、その他多くの伝統的な社会奉仕は、もはや時代の緊急のニーズに応えるものではなくなったかのようです。なぜなら、私たちの生活はあまりにも仕事に追われ、注意散漫になっているからです。

人生には多くの刺激があり、ストレスもたくさんあります。「取り残されたくない。忘れられたくない」と思うあまり、つねに動き回らなければならないと思い込み、頻繁に「ガス欠状態で走る」ことになります。そうなると、「あなたの調子はいかがですか？」「あなたの召命に、どう忠実に応えていますか？」という深い次元での問いに、答えることが難しくなります。

私たちに答えられるのはせいぜい、「病院で働いています」「学校で教えています」「専門職（または教会、個人の仕事）で働きつつ、家族を養いながら（あるいは共同体の中で暮らしながら）、他の人を支援しようとしています」くらいでしょう。私たちの返答から、自分のあり方がどうかというより、その働きの緊急性が優先されていることが分かります。

今日、ミニストリーの分野はとても多様になりました。受刑者、薬物依存者、引きこもり、社会から取り残された人々に対する働き。教会の教区や工場や精神病院などでの働き。音楽、アート、メディアに焦点を当てた働きもあります。宗教的な生活が脱制度化されたことによって、ミニストリーの選択肢が大きく広がりました。それは、少し前まで多くの普通の人たちにとって事実上タブーだった選択肢です。

しかし、失われたものもあります。それは、キリスト教ミニストリーの共同体的な性格です。私たちの働きがあまりにも個人化されて、共同体として行なわれる援助の取り組みを、説得力を持って見せることが難しくなってしまったようです。個人の賜物が強調されることで、共同で担うミニストリーについて語ることが、時には非常に困難になってしまいました。多くの場合、個々のメンバーの働きについて語ることに終始し、それは良いことであるにしても、「共にいること」が持つ力に欠けるのです。

このような個人化によって、私たちは共同の証人となるという可能性を失ってしまったのではないでしょうか。家族、教会、信仰共同体として、私たちは、個人、隣人、その他困っている人々に奉仕したいと願うだけでなく、より大きな社会に対して、勇気と自信をもって私たちの確信と希望を分かち合いたいと切望しています。非常事態によって引き裂かれた文化の中にいるからこそ、傷ついた多くの人たちを個別に支援するだけでは不充分なのです。

私たちと直接関わりのない多くの人たちにも、希望を与えることが急務です。彼らが私たちの共同体の生活を見て、「見なさい、あの人たちがいかに隣人に仕えているか！」と言えるように。召命が共有されるとき、大いなる力が発揮されます。それが「共同体の召命」として外から見えることによって、その働きが直接影響を与える人たちよりもっと多くの人々に触れ、癒やし、希望を与えることができるのです。

私はテゼ共同体に行ったことはありませんが、その証しから大きな力をいただいています。ジャン・ヴァニエに会ったことはありませんが、彼の活動にも大きな希望を見出しました。ほかにも、「リトルブラザーズ」や「リトルシスターズ」〔貧しい人々との共生とシンプルな生活を重視する共同体〕、「神の愛の宣教者会」〔マザー・テレサが創始した修道女会〕、「聖エジディオ共同体」〔福音宣教、貧しい人々への奉仕、平和構築を目的とした国際的な共同体〕の働きと生活を知るだけで、私は多くの慰めを得ました。これらの共同体の働きは世界に希望を与え、私たちから活力を奪う多くの悲観的な声に同調しないよう、私たちを守ってくれます。

共に働くことこそ、この時代に非常に重要な要素であり、私たちはそこにもっと関心を寄せるべきです。

共通の召命

これらのことは、「独り」とどう関係があるのでしょうか。「独り」は、私たちが自分のアイデンティティーを見出す場所です。神の前で静かな時間を過ごし、神との関係、また他者との関係において、自分が何者であるかを確認する場です。

私たちは独りでいる中で、私たちを愛し、より深い愛へと招いてくださる方の声を「聴く」ために耳を傾け、待ちます。なぜそうなのかと、あなたは疑問に思うかもしれません。

「独り」は、私たちが神と、ただ神のみと共にある場であり、自分の最も個人的な召命を理解するようになる場です。そして、私たちは決して一人（alone）だけで呼ばれることはありません。私たちはいつも共に（together）召されるのです。独りでいる中で、自分の最も個人的な賜物をどのように共通の働きに差し出せるかを悟ります。

自分の賜物が直接的に召命に結びつくと思うなら、それは非常に甘い考えです。「私は文章が上手だから、神様は私に作家になってほしいと思っておられる」「私は教えるのがうまいから、神様は私に教師になってほしいと思っておられる」「私はピアノが上手に弾けるから、神様は私にピアニストになってほしいと思っておられる」。そのように言うなら、自分で理解している「私」は、必ずしも神が理解している「私」と一致しないことを忘れています。

過去には、謙遜についての一方的な考え方が、個人の賜物を否定したり、拒絶したりすることにつながった時代もありました。そんな時代は過ぎ去ってほしいと願います。しかし、個々の賜物が神の御旨の現れであると考えることは、召命に対する一面的な見方です。それは、私たちの賜物は神への道であると同時に、神への道を妨げることもあり得る、という事実を見えなくしてしまいます。

独り静まる中で、私たちは周囲の人々のたくさんの意見や考えから少し距離を置き、神の前に無防備になります。独り静まる中で、私たちは神の愛の声に注意深く耳を傾け、自分の願望と仕事、衝動と召命、心の渇望と神の呼びかけを区別するようになるのです。

独り静まることが日常生活に不可欠なものになっていないと、私たちはたちまち神の愛の声に耳を貸さなくなり、「自分のこと」ばかりに気を取られ、共同体として共に負うべき責任についてあまり考えなくなるのではないでしょうか。そうなると、家族や共同体は単なる相互支援グループに過ぎなくなり、共通の召命に対する私たちの意識は、頭の片隅に追いやられてしまいます。

独りになる時こそ、私たちの共通の召命が明らかになる場です。私たちは、神が私たちを一つの民として召しておられること、そして個人の召命はつねに家族や共同体という大きな召命の一部として見られるべきであることを、決して忘れてはなりません。

人々の集まりを、個人の願望を発展させたり、形にしたりする手段としてのみ利用してはならないのです。共同体を個人の理想を実現するための支援システムとして考える限り、私たちは神の子というよりも、時代の子です。私たち個人の召命は、あくまでも自分が属する共同体の召命における特定の現れとして見るべきです。

独りで過ごす静かなひとときこそ、家族として共有する召命が顕在化する場です。その聖なる瞬間において、私たちは自己肯定、自己実現、自己充足という欲求を空《から》にし、共に生きる人々を通して神の召命がいかにもたらされるかを体験し始めます。互いに対して抱く深い愛は、私たちをある確信に導きます。それは、愛のある生活とは、互いに支援《ケア》し合うことのうちに、またあらゆる所にいる兄弟姉妹への支援のうちにこそ表現される、という確信です。

従順な家族共同体

「独り」を、「私たちが一つの体として共有する願いが実現される場」とみなすことは、非常に具体的な意味を帯びています。それは、神の呼びかけに耳を傾けるとは、グループ全体にとって中心的なことであり、単に適当に個人に還元したり、親や権威者だけの責任として押し付けたりできないことを意味します。従順とは、神にじっくりと耳を傾ける体験です。私たちはそれを「独り」の体験の中で、一人で、あるいは共に行ないます。

私たちは、耳を傾けることがいかに難しいかを経験的に知っています。話すことや未解決の問題を解決することのほうが急務のように思えるからです。しかし、人の経験に耳を傾けることは、それほど簡単ではありません。それをうまく行なうには、一人きりで、あるいは共に、退いて静まるための空間と時間が必要です。そうすることで、神が私たちを招いておられる「他者のために共にいる」共同体のさまざまなあり方に、よりオープンに、より敏感になることができるのです。私たちが忙しく、何かに気を取られているときは、沈黙や独りでいることに魅力を感じません。ですから私たちは、共に「一人きり」になれる短い時間を構築する必要があります。自分のために神と二人きりになるのと、共に生きる生活の一部として神と二人きりになるのは、まったく異なる体験です。

神が私たちをどのように招いておられるかを発見するために他の人々と共に「独り」の中に入っていくなら、大いなる刷新が生まれると私は深く確信しています。メンバー全員が何らかの形で沈黙のうちに神に耳を傾ける時間を充分取ることなしには、どんな重要な決定も、どんな重要な方向転換もしてはなりません。

また、定期的に沈黙の時間をとることも大切です。強制された沈黙は非常に無益で、そこから生まれるものは何もないかもしれませんが、私たちの中におられる神の存在に耳を傾け、神の愛の導きに心を開くための沈黙は、人間関係において不可欠なものです。メディアや新聞、勉強会、分かち合いの会などでは、言葉に非常に大きな強調が置かれます。しかし、言葉というものは沈黙から生まれてこそ実を結ぶという認識を深めることが大切ではないでしょうか。そして、危機や対立、また強い感情的緊張があるとき、沈黙は癒やしを与えるだけでなく、私たちが共に生きていくための新しい道を示してくれることを見出すでしょう。

つまり「独り」とは、耳を傾けるための静かな場なのです。現代の共同体は、特に非常時には、彼らを取り巻く世界の絶え間ない変化に対応し、順応していかなければなりません。ですからこの状況で、独りになる時間を定期的に持つと心に決めることは、非常に理にかなっています。独りになって静まることを実践しているかどうかによって、心理的、感情的な健康状態を実質的に判断できるかもしれません。いつも変わらない神との静かな出会いに深く根ざすなら、絶え間なく変化する世界の中で、私たちはより深く他者を支援《ケア》できるようになるでしょう。それにより、邪魔や妨害にあっても、ひどく動転したり心を乱されたりすることなく日々を過ごすことができます。また、慌てたり気を散らしたりすることなく、さまざまな具体的な仕事をこなすことができます。私たちは独り静まる中でこそ、自分の中心を見つけ、私たちの一致は絶えず強化され、育まれていくことを再発見するのです。

人々を支援することに召しておられる神との個人的関係を深めつつ、「共に」の関係の中で私たちが生きるなら、非常事態に振り回されがちなこの世界にあっても、パニックに陥ったりとっぴな行動を取ったりすることなく、その日その日に実際に起こる出来事に創造的に対応できるようになるでしょう。

独り静まる時を持つという実践は、私たちが非常事態に反応して自己防衛や利己的行動に走るのを防ぎ、互いに希望を与え合うことへと私たちを促します。私たちはこの世界で愛のしるしとなるように召されているのです。ですから人々は私たちを見て、驚きをもって言うでしょう。「見なさい、彼らがいかに隣人に仕えているかを」

独《ソリチュード》りと祈り

宗教的な世俗主義

「独り」は、私たちの相互の愛や共通の思いやりに影響を与えるだけでなく、私たちを「愛する者よ」と呼んでくださる神との関係にも深い影響を与えます。私たちの生活（個人であれ共同体であれ）や私たちが他者を支援《ケア》する姿は、それを見る人々に「見なさい、彼らはいかにお互いを愛していることか」「いかに隣人に仕え、支え、援助していることか」と言わせるだけでなく、「見なさい、彼らはいかに主を知り、愛していることか！」とも言わせるでしょう。

非常事態は私たちの注意をもっと神に向けさせ、神を信頼し、祈る気持ちを呼び覚ますと考えるのは極めて安易です。恐れと怒りは、むしろその反対を引き起こすことが多いからです。この社会で生きることのプレッシャーによって、私たちは疑問や問題に直面すると、苦みや憤り、さらには憎しみをもって反応することが多いのです。洞察を得るどころか、神を忘れてしまったかのようです。

私たちは、自分自身や世界に蔓延《まん》するあまりに多くの苦しみについてシニカルであり、それを霊的なことへの深い願いとどう統合すればいいのか分かりません。愛と憎しみが共存する関係のように、深い幻滅の感情のせいで神とうまく関われなくなります。かつては受け入れ、従っていこうとしていたお方であるにもかかわらず、神は本当に信頼できるのか、神は本当に「心の傷に寄り添う」人格的なお方なのかと、さまざまな思いが混在し、満足できなくなるのです。

私たちは、口に出してこのことを問うわけではなくても、行動が物語ります。友人に、「あなたのために祈ります」と言うものの、祈りが聞き届けられるか疑問があるため、本気で祈る決意を持たないままそこから離れます。神との交わりの生活がもたらす豊かな恵みについての説教や講話を聞きますが、心の奥底では、私たちの必要を満たすのは祈りではなく行動だと思っています。

他にできることがないなら、祈ってもいいと思っているかもしれません。しかし、私たちの世界における神の実効性や、神が私たちに個人的関心を持っていることには、強い不安や疑いを持っています。私たちはもはや、「われらと共にある神」を意識していません。

私の友人や同僚の中には、神に対する深い敵対感情に悩まされながら、それを表現し、扱うための術を持たない人もいます。今日、ただ神のためだけに生きている人に出会うことは滅多にありません。現代は世俗の時代だと言うなら、世俗主義が私たちの心に深く入り込み、それが神との友情を蝕《むしば》み、迷いや疑い、怒り、憎しみを生じさせていると認めるべきではないでしょうか。

ほとんどの人とは言わないまでも、私たちの多くにとって、祈りによる神との交わりは、もはや自分の生活の中心ではありません。それは、社会状況が変化したからというだけでなく、神が非常に当てにならないパートナーになってしまったかのように思えるからです。神は、問題を避けるためには関わらざるを得ないけれど、もはや私たちの生活にほとんど、あるいはまったく影響を与えていない存在のように思えるのです。

私たちの多くは、そのようにはっきり意識しているわけではありません。しかし中には、いっそ神を忘れて自分の好きなように暮らしたいけれど、そうする勇気を持てない臆病者のように感じている人もいます。それはまるで、神が自分を恐怖と依存という網の中に「捕らえている」かのような感覚です。そこには苦痛が伴い、怒りや不自由さを感じることもあります。

多くの家庭で、神は壁に飾られた十字架や銀色の額に入った絵に過ぎないのです。美しい典礼、洞察に満ちた書籍やカンファレンス、時折行われるリトリートや祝賀会など、かつては感動を与えてくれたものが、いまや無感動になり、それがなくても生きていけると心のどこかで思っています。

ですから、教会などの宗教共同体やパートナーから多くの人が、随分あっさりと離れてしまったのも驚くべきことではありません。彼らは感情的にも身体的にも、自分を縛る鎖から解かれたように感じ、これまでうまくできたことが、さらにうまくできるようになったと感じています。私は非難するつもりでこれらのことを言っているのではありません。

それどころか、消費主義と世俗主義がこの世界での私たちのあり方に深く入り込んでいるのですから、簡単に非難することなどできません。しかし、思い巡らしの対象にすることはできます。なぜならそれは、私たちがいかに非常事態に振り回される世界の一部となってしまったかを示し、現代の宗教共同体や教会が生ける神をはっきりと証しする存在となるのが、なぜ困難なのかを説明するからです。

すばらしい出会い

私たちが捕らわれているように感じ、いら立ちを覚えるこの状況においてこそ、独り静まることは何よりも深い意味を持ちます。それはわれらと共にある神を解き放ち、私たちの源である神、愛と慈悲に満ちた父また母であり、救い主であり、無条件の恋人であるお方と、つながることができる場だからです。そしてそれは、私たち自身の心が、無条件に愛されたい、全存在をかけて愛したいという深い切望をさらけ出す場であるのです。

「独り」とはまさにすばらしい出会いの場であり、他のすべての出会いの意味もそこからやってきます。「独り」の中で、私たちを「愛する者」と呼んでくださるお方に出会います。「独り」の中で、私たちは多くの活動、懸念、計画、プロジェクト、意見、信念を捨て、裸で、弱さをさらし、心を開き、柔軟になって、愛の臨在の中に足を踏み入れます。「独り」の中で、そのすべてが愛であり、ケアであり、赦しである、父なる／母なる神と出会います。「独り」の中で、愛そのものである神との個人的で親密な関係へと導かれるのです。

私が言いたいのは、神とのアンビバレントな（相反する）関係には簡単な解決策があるということではありません。独りになって静まるとは解決策ではなく、方向性です。この方向性が持つ響きは、預言者エリヤの中に聴こえます。彼がヤハウェを見出したのは、強い風や地震や火の中ではなく、かすかな細い声の中でした。イエスが御父と交わるために朝早くから山へ行ったことも、この方向を指しています。

私たちは「独り」の中に入るたびに、風のように、竜巻のように、火のように激しい人生から退いて、このすばらしい出会い、愛なるお方との出会いのために自分自身を開きます。しかし独りになってまず発見するのは、自分自身の中にある落ち着きのなさ、衝動性、素早く行動したい、インパクトを与えたい、影響力を持ちたいという疼《うず》きです。

一刻も早く「注目される」仕事に戻りたいという、どうしようもない衝動があり、その衝動に必死で耐えなくてはなりません。しかし、無理のない修練の助けを借りて踏みとどまるとき、私たちは徐々に、かすかな細い声を聴き、繊細な風を感じ、愛の存在を知ることになります。この愛は、私たちの心にまっすぐ届き、私たちが本当は何者であるかを確認させてくれます。私たちは神に愛されている子どもたちなのです。

まさにここで、私たちは独り静まることが差し出す最高の贈り物と結びつきます。それは、真の自己、真のアイデンティティーという贈り物です。「独り」は、私たちを互いとの新たな親密さへと導き、共通の課題を見出させます。それは、独り静まる時にこそ、自分の本質、真の自己、真のアイデンティティーを知るようになるからです。

自分が本当はどういう者なのかを知ることで、共同体の中で共に生き、共に働くことができます。共に生きることや共に働くことが、誤った、あるいは歪《ゆが》んだ自己理解に基づくものであるなら、私たちは人間関係の対立に巻き込まれ、共通の課題への展望を見失うことになるでしょう。

これにより、私たちの「恐れ」と「怒り」を、別の観点から見ることになります。恐れや怒りは、非常事態に対する最も自然で明白な反応ですが、偽りの自己の表現として露《あら》わにされることもあります。恐怖に震え、怒りに燃えているなら、自分をこの世や偽りの神に売り渡してしまっているのです。恐れと怒りは、私たちの自由を奪い、この世の強力な誘惑の犠牲者にします。

恐れや怒りを、独り退いて静まりの中で見つめるなら、自分の価値観が世間での成功や他人の意見にいかに深く左右されているかが分かります。自分という人間が、自分が行なうこと、あるいは他人から思われているものになっていることに、突如として気づくのです。

しかし、独り静まるとき、恐れと怒りという隅々まで染み込んでいる二つの力は、愛に満ちた神に包まれることでその力を失います。それが、「愛には恐れがありません。全き愛は恐れを締め出します」（Ⅰヨハ4・18）という聖ヨハネの言葉の意味です。独りになって静まる中で、自分たちは神の被造物であり、神の御手の作品であり、神に愛されている神の息子や娘であり、神の心の中に抱かれているのだ、という真理に徐々に導かれていくのです。

このように、「独り」とは変容が起こる場なのです。私たちは、自分がこれまで手に入れたすべてのものや、自分のすばらしい行ないをすべて人に示さずにはおれない人間でした。しかし空間《スペース》と沈黙を見つけるとき、自分が持っているものはすべて神からの無償の贈り物であることに気づき、愛に満ちた神に向かって、開いた空《から》の手を掲げる人間へと変容されるのです。

独りになって静まる時、神と出会うだけでなく、真実の自分自身を知るようになります。神を父、また母として知るようになり、自分自身の真の美しさを認識するようになります。私たちが神を知り、また神の子どもとして自分自身を知る程度に応じて、互いを見る目も変化していきます。

恐れのために身を寄せ合い、共通の怒りに駆り立てられた人々による集団ではなく、キリストにあるという共通の立場によって結ばれた人々の共同体なのだと知るようになります。そういう者として私たちは、私たちを造り、私たちのただ中に存在してくださる方を自由に証しするよう召されているのです。

神の前で空《から》になる

「独り」を親密な出会いの場、愛に満ちた父であり母である神と交わる場と見なすとき、それは神聖な場であり、そこでの自分が真の自分であるのだと知ります。祈りは、私たちにとっても、キリスト教共同体にとっても、いのちの息吹です。神に対する表面的な感覚と間違った自己認識のままでは、真の交わりも真の共同体も実現できません。その嘘《うそ》は、私たちと共同体のいのちを窒息させるのです。

この最後のセクションで、私は人類全体との連帯の重要性を強調したいと思います。もし、独りになることが私たちを恐れや怒りから遠ざけ、神との関係のために私たちを空《から》にするというのが真実であるなら、私たちが空《から》であることは、世界中のすべての人々を歓迎できる非常に大きな神聖な空間をもたらすことも真実です。私たちが空《から》であることと、他者を歓迎する能力の間には、強いつながりがあるのです。

私たちを他者から引き離すものを手放すとき（所有物だけでなく、意見、偏見、判断、精神的なこだわりも含めて）、友だけでなく敵のことをも歓迎するためのスペースが私たちの「独り」の内側に生まれます。私たちが他者のために祈るとき、その人たちを私たちの「独り」のスペースの中に招き入れ、そこで出会う神に向かってその人たちを掲げるのです。真の「独り」では私たちは空《から》なので、他者のためのスペースは無限にあります。この貧しさの中で、私たちの前に立ちはだかる者は誰もいません。

なぜなら、敵が敵になるのは、私たちが守るべきものを持っているときだけだからです。しかし、しがみつくものや守るもの、自分だけのものだと見なすものが私たちの内にないならば、誰も私たちを脅かすことはできません。むしろ、「独り」の中心で、私たちはすべての人と兄弟姉妹として向き合います。真の「独り」の中で、私たちは神の前に裸になって無防備に立ち、神の愛に完全に依存していることを深く認識するようになります。

　そのとき、私たちは友と一つにされるだけではありません。殺し、嘘《うそ》をつき、拷問し、レイプし、戦争を行う人々さえも、私たちの血肉の一部となるのです。そうです、真の「独り」の中では、私たちは完全に空っぽで貧しいので、ありとあらゆるところにいる兄弟姉妹との連帯をそこに見出すのです。私たちの心が神で満たされ、恐れや怒りから解放されるとき、そこは神と地上の人類家族のための歓迎の家となります。

　ですから、兄弟姉妹のために祈るとは、私たちの「独り」と祈りの中に彼らを連れてくることであり、それは自らを空《から》にする選択をするということです。それは、私たちと彼らを隔てるものをすべて放棄し、祈りのうちに一つとなることです。そうやって神に、私たちを通して彼らに触れていただくのです。

結びに

独りになることと共同体や家族の中で生きる生活との関係についての省察は、ここで閉じます。以下に要約しましょう。

まず私は、世界に蔓延《まん》する非常事態が、家族や教会員、信仰者としての私たちの生活にどれほど深い影響を与えているかを示すことを試みました。対人関係は恐れと怒りによって汚され、私たちに共通する課題は分裂と個人化によって脅かされ、祈りの生活というものが日常生活の中で中心的な位置を失ってしまっていました。

次に、独りになって静まることの実践とは、これらの問題に対する単純な解決策ではなく、現代の非常事態への応答が生まれてくる場であることを指摘しました。「独り」は神とのすばらしい出会いの場であり、人々の間に成熟した親密さが育まれる場であり、同じ天の父と母の子どもたちになるという私たちに共通する召命を、発見、または再発見する場であると述べました。そして、独りになって静まることこそ、家庭、教会、そして共同体として共に生きる生活の基礎であることを示そうとしました。

最後に、独りの時を深めることは、貞潔、従順、清貧が持つ現代的な意味に新たな視点を提供する文脈となることを理解していただきたいと思いました。独り静まるとき、神の愛がすべての人間の愛の源であることを体験することができます。そしてそれゆえに私たちは、貞潔は、親密な人間関係の指針であると理解するようになります。

独りになることによって、私たちは共同生活への神の呼びかけに対して従順になります。「独り」は私たちに貧しくなることを求め、そうやって世界中のすべての苦しんでいる人々を受け入れ、絶え間ない祈りのうちに彼らを掲げることのできる、自由な空間を創り出すように求めます。このように、「独り」という土台があってこそ、貞潔、従順、清貧が花開き、それらは私たちの共同生活への豊かな贈り物となり得るのです。

家庭、教会、信仰共同体の生活において、独りになって静まることがいかに不可欠であるか、皆さんに納得していただけたことを願います。この千年紀の終わりに［執筆当時］、私たちは独りになって静まることへの献身を深め、終末の時代の多くの出来事に囲まれながらも神の誠実さを人々の目に見えるようにしようではありませんか。

私たちが自分の真のアイデンティティーに忠実であるなら、私たちを見て多くの人々が希望に満ちてこう言うでしょう。「見なさい、いかに彼らが互いに愛し合い、いかに隣人に仕え、いかに彼らの主に祈っているかを！」

第2章　独身でいることと聖なるもの

はじめに

ローマの街を見渡したり、通りを歩いたり、バスに乗ったりすると、この街がいかに家や人や車であふれかえっているか、すぐに実感します。猫でさえもあふれています！　人々が右へ左へと急ぎ足で移動するのが見えます。喜びや怒りの声がさまざまな街の音に混ざって聞こえてきます。さまざまな匂い（特にカプチーノ）が漂い、イタリア人が親しげに抱擁してきます。この抱擁で、友を得たり、スリに遭ったりします。

賑やかで混雑した街であり、その喧《けん》騒の中にこそ、この街のいのちがあります。

しかし、家や人々や車が雑居する活気に満ちたカラフルな寄り合いの中で、ローマの聖堂の丸天井《ドーム》は、聖なる場所を指し示しています。ローマの教会堂は、何もない空洞を囲む美しい額縁のようなもので、静かで、しんとした、すべての人間生活の中心であるお方を証ししているのです。

それらの会堂は、役に立たず、実用的でもなく、緊急の行動や迅速な対応も必要としません。うるさい音も、がつがつした動きも、焦るような様子もない空間です。その静謐《ひつ》な空間には、不思議なまでにほとんどの時間、誰もいません。その存在は、周囲の喧騒とは異なる何かを語っています。美術館とも違います。それは、私たちに呼びかけています。沈黙し、腰をおろし、あるいはひざまずき、耳を澄ませ、あなたの存在全体を休息させなさい、と。

このように大切に守られた空っぽの空間がなければ、街は真の中心を失う危険にさらされます。その空っぽの空間でこそ、人は静寂に浸り、休息することができるからです。そして、すべての言葉はその静寂の中で育まれ、あらゆる行動はすべてその静けさから流れ出てきます。

多くの静かな場所があるこの賑やかな街は、現代社会において独身でいることの意味を示す表象を提供していると思うのです。結局のところ、活発な都会の暮らしは、他者と一緒にいたい、活動したい、何かを生み出したいという私たちの心の一部を表しているのではないでしょうか? そして、誰もいない教会を大切に保護しているドームは、私たちが方向性を見失わないように守り抜く必要のある、私たちの心の別の部分を象徴しているのではないでしょうか?

それは私たちの内なる聖所であり、神だけが入ることのできる、人生における聖なる中心です。ドームがローマの街にとって重要であるように、内なる聖所も私たちの人生にとって重要なのです。

独身でいることについては多くのことが言えますが、この省察では、単純に一つの視点から考えたいと思います。独身でいることを、私たちの心と霊の、豊かで深い内面生活への証しとして捉えてみたいのです。神の霊が住まわれる私たちの内なる聖所に注目することで、次のことを確認し、宣言することを願います。

すなわち、人間が体験する親密さはすべて、ただ神との親密さにあずかるものとして経験するときに、最も深い意味と充足を見出すのだ、ということです。独身者は、独身という贈り物を認識し、受け取り、生きることによって、この希望を宣言するのです。

独身生活が持つこの驚くべき証しの意味を探るために、私は三つの領域に焦点を当てます。独身を選ぶ人が生きている世界、独身者がこの世界に提供する証しの性質、そして最後に、この証しをより豊かで強固なものにするためのライフスタイルの選択についてです。

独身を選ぶ人はどういう世界に生きているのか

対人関係の限界

私たちが生きている世界は、対人関係を非常に重視する世界です。独身でいることを選ぶ人は、その世界に向かって、「聖なる空《から》の空間」の価値を証しします。ここ数十年の西洋文化では、一緒に集まること、一緒にいること、一緒に暮らすこと、そして一緒に愛することの価値が、かつてないほど注目されていると言っても過言ではないでしょう。

アイコンタクト、傾聴、注意深いスキンシップがもたらす癒やしの効果は、多くの心理学者、感受性訓練のトレーナー、コミュニケーションの専門家によって探求されてきました。新しいタイプのセラピー、新しい形での意識の拡大、新しいコミュニケーション方法が毎年のように紹介され、孤立感、疎外感、孤独感に悩む非常に多くの人々が、こうした一体感を体験することで新たな希望と力を見出しています。

共感力のある観察者なら、再評価カウンセリング〔感情を解放して過去を再評価し、過去の痛みやトラウマに対処するカウンセリング手法〕の絶大な人気と増大する影響力を見るだけでも、そこに人々の深いニーズがあると確信するでしょう。

私たちは確かに互いを必要としており、思っている以上にはるかに多くのものを与え合うことができます。あまりにも長いあいだ、私たちは恐れと罪悪感に悩まされ、あまりにも長いあいだ、求めて当然の愛情や親密さを互いに否定してきました。ですから私たちは、新しい対人関係をより創造的に切り開こうとする人々から学ぶべきことがたくさんあります。

しかしそれでも、考えなければならない重要な問いがあります。私たちの内側や私たち同士の間にある聖なる空間、つまり人の手が触れてはならない空間を、深く尊重することなしに本当の親密さに到達できるでしょうか？　その空間がすべて埋め尽くされてしまったら、人間の親密さは本当に満足いくものになるでしょうか？　人間の一体感が持つ癒やしの可能性を強調することは、往々にして、人間の苦境を一面的に捉えた結果ではないでしょうか？

これらの問いは、ヒューマン・ポテンシャル運動［60年代のアメリカで起こった「人間の潜在能力」の開発を目指した運動］が盛んな今、新たな緊急性を帯びています。私はよく思うのです。私たちが感じる孤独というつらい体験を、もっぱら対人関係の欠如のせいだと考えたり、感じたりしていないだろうか、と。

私たちは往々にして次のように考えるのではないでしょうか。「恐怖心を打ち破って、愛や敵意の本当の気持ちを表現できさえすればもっと堂々としていられれるのに。遠慮しないで友人を抱きしめることができさえすれば、あるいは自分の仲間と正直に率直に語り合うことさえできれば、私はもっとずっと深く満たされるのに。本当に大切にしてくれる人と一緒に暮らしさえすれば、私は再び内なる平和を手に入れ、心の健康を取り戻せるのに」

このように考えるとき、私たちはある種の安堵《ど》感を覚えるでしょう。しかし、それでもなお、癒やしや満たしの真の源泉を見出せるのか、という疑問は残ります。伝統的な人間関係のパターンが崩れ、家族、仕事仲間、近所づきあいなど、かつてのような親密な絆や安心感を得られなくなった今、人間の基本的な状態である「一人ぼっちであること」が、私たちの感情意識の奥深くに入り込んできました。私たちは絶えず、周囲の人々が与えられる以上のものを求めるという誘惑に駆られています。

自分の最も深い必要のほとんどは隣人が満たしてくれるという希望と期待をもって隣人と関わり、その期待が裏切られると、幻滅し、怒り、いら立つのです。友人や恋人に自分の最も深い痛みを取り除いてもらおうと期待するとき、他者には与えることのできないものを、その人から受け取ろうと期待しているのは自分でも分かっています。私たちを完全に理解することも、無条件の愛を与えることも、私たちの存在の核心に入ってきて深い傷を癒やしてくれる愛情を与え続けることも、人間にはできないと言われているからです。

私たちはこのことを頭では理解していますが、孤独に駆られて、つい期待してしまうのです。この重要な真実を忘れ、他者が与えることのできる以上のものを期待すると、たちまち幻滅し、憤り、恨み、復讐心を抱き、暴力的にさえなりやすくなります。

最近、私たちは親密さと暴力がいかに紙一重であるかを強く意識するようになりました。夫婦、親子、兄弟姉妹の間で起こる残酷な行為を見聞きし、愛されることを切に願う人たちが、暴力的な関係に頻繁に巻き込まれていることを実感しています。毎日の新聞で報道される性的暴行や暴力、殺人事件は、人々が必死にお互いを握りしめ、しがみつき、愛を求めて泣き叫ぶものの、さらなる暴力を受けるだけという光景を思い起こさせます。

スピノザの「自然は真空を嫌う」という言葉は、まさにそのとおりだと思います。隙間を残さない親密さと近しさに飛び込みたくなる誘惑は、非常に大きいのです。多くの苦しみがこの息苦しい親密さから生まれます。

祈りの手をもって

ニューヨークの精神科医トーマス・ホラの著書『実存的メタ精神医学』*に、私たちの苦境を表現する良いイメージを見つけました。彼は癒やしへの道として対人関係を重視することを「人格主義」と呼び、それを二つの手の指が絡み合う様子に例えています。両手の指はある程度まで絡め合うことができますが、無理に絡め続けると、指が擦《す》れて痛みが生じます。そして、最終的には手を離さざるを

＊トーマス・ホラ著『実存的メタ精神医学』(New York: Seabury Press, 1977), p. 32.

得なくなります。

人間関係においても、そのような関わり方をするなら、自由な空間がなくなり、息苦しくなってしまいます。親密さを強く望む孤独な人々が帰属意識を求め、自分の欠けを埋めようとして互いにどんどん近づいていくと、その親密さが摩擦や痛みを生みます。そして非常に頻繁に、分裂を引き起こすのです。

多くの人間関係が短命に終わるのは、親密さを強く求めるがあまり、自由に動けるスペースがほとんどなくなるからです。感情面で多くを期待して関係に入るので、願っていたような内なる満足感を得られないと、しばしばパニックに陥ります。緊張感を軽減するために、共に過ごす生活のあり方をあれこれ探って懸命に努力しますが、結局どうにもならなくなり、疲れ果て、ついには互いに傷つくのを避けるために離れざるを得なくなるのです。

トーマス・ホラは、真の人間関係のイメージとして、両手のひらを合わせた祈りのしぐさを提案します。このしぐさでは、指は自分たちを超えたところを指し示し、それぞれ自由に動かせます。これは助けになるイメージだと思います。成熟した人間の親密さには、隙間のある自由なスペースが入る余地が必要であり、それを深く尊重すべきであることを明確に示しているからです。

このスペースは、パートナーそれぞれの内側と二人の間に存在すべきであり、相互に守り、育て続ける必要があります。このような形での関係は、自分たちが指し示す、よりすばらしい「初めの愛」の中で相互の愛を経験するので、長続きします。そこには親密さが成長できる、慎重に保護された空間があるので、親密さは豊かで実りあるものになります。

この関係は、もはやびくびくしながらしがみつくものではなく、さながら自由なダンスです。そこには、前進したり後退したりするスペース、つまり絶えず新しいパターンを形成し、いつも新しいものとして互いを見ることのできるスペースがあるのです。

私たちの住む世界は、恐れや孤独、不安を抱えた多くの人が、安心や満足、喜びを得るために互いにしがみつき合っている世界です。この世界の悲劇は、愛、受容、帰属を求める強い欲求の多くが、残酷にも、嫉妬、恨み、暴力に変わってしまうことです。

そのように、平和と愛の中で生きることだけを望んでいた人々が、しばしば苦汁を味わうのです。多くの人が互いに不安げにしがみついているこの世界では、希望の兆しが必要です。そして、この世界において独身でいることは、過密な世の中における目に見える聖なる空間の現れとして、成熟した人間関係の強力な証拠となり得るのです。

証し人

神のための「空き部屋」

独身でいることの最もよい定義は、私が思うに、トマス・アクィナスによるものでしょう。アクィナスは独身を、神のための空き部屋と呼びました。独身でいることは、神のために空っぽであること、神の臨在に対して自由に開かれていること、神の働きのためにいつでも用いられる状態であることを意味します。

しかし、このような独身観は誤解を生みがちです。「神のために空《から》であるのは独身者だけの特権だ」「さまざまな関係の中にある人たちは何かに夢中になっており、空《から》ではなくいっぱいだ」という誤った考えにつながりかねないからです。独身でいることこそ、生活の中にある神の臨在を重要視する生き方であるとし、他の生き方は世俗の事柄に巻き込まれているものと対照的に捉えるなら、危険なエリート主義に陥ってしまうでしょう。それは独身でいることを、あたかも低い家々の街並みの中にそびえ立つ丸天井の聖堂のように見なすのと同じです。

私は、独身でいることを、一部の神の民の特権と考えるべきではないと思います。神のために空白のスペースを作り、それを守るという最も深い意味での「独身」は、結婚も友人関係も独身生活も共同体生活も含めた、あらゆる形態の信仰生活において不可欠です。そもそも独身とは、すべてのクリスチャンの生活の中にある要素であり、それは不可欠でさえあると認識しない限り、独身でいることの意味を完全に理解できません。このことが、結婚と友情においてどう当てはまるのか説明しましょう。

結婚とは、二人の個人が生涯にわたって互いに惹《ひ》かれ合うことではありません。二人の人が共に神の愛を証しすることへの呼びかけです。結婚の基になるのは、私たちが「愛」と聞くときに連想する相互の情愛や、感情、情熱ではなく、召命、天職なのです。それは、この世界に神のための家を一緒に建てるように選ばれている、という理解です。広げた翼で神の契約の箱を守り、ヤハウェが臨在できる空間を作った二体のケルビムのようになることです（出25・10～12、I列8・6～7）。

結婚とは、男女が二人の中に、また二人の間に、内なる聖所を守り、育む関係であり、二人が愛し合うことによってそれを証しするものです。私たちは、召命という言葉を聞くと、宗教生活に召された人だけに当てはまると考えがちですが、結婚もまたvacare《ワカーレ》 Deo《ディオ》［ラテン語。神のためにスペースを作ること］、つまり神から来た召命なのです。

そして、独身でいることは結婚の重要な要素です。これは単に、結婚した夫婦でも長期間離れて生活せざるを得ないときもあるだろう、ということではありません。また、身体的、精神的、霊的な理由で性的関係を控える必要があるかもしれない、ということでもありません。むしろ結婚の親密さとは、それ自体が、二人が互いに差し出すことのできる愛よりもさらに大きな愛に、共に入っていくことに基づくものだということです。

結婚の真の奥義とは、夫と妻が互いの人生の中に神を認識できるほどに愛し合うことではなく、むしろ神が二人を深く愛するがゆえに、神の聖なる臨在を想起させる存在として互いを知るようになっていくことです。二人はまさに、神に向かって伸びる二つの祈りの手として結ばれ、そのようにして、この世界における神のための家を形成するのです。

同じことが友情にも当てはまります。深く成熟した友情とは、目を見つめ合い、互いの美しさや才能や賜物に絶えず感動したり、うっとりしたりすることではありません。友情とは、私たちを奉仕の人生へと呼んでくださる方を、一緒に見つめることです。

私は、トラステヴェレ地区の聖エジディオ共同体の人々が互いの関係を語るときの表現の仕方に、深い感銘を受けました。友情は彼らにとって非常に大切ですが、使徒職においては、互いの関係を「共通する召命」という文脈の中で捉え続けることを学ばなくてはなりません。聖エジディオ共同体の人々は、それを私にはっきり教えてくれました。関係そのものが中心になると、すぐに自分たちの天職から外れてきてしまいます。使徒職において新しい展開があれば、ある期間、互いから離れてもよいという覚悟が必要です。また、その分離を、初めの愛である主との関係を深め、主の霊を通して互いの関係を深めるための招きと捉える覚悟も必要です。だからこそ、週に一度の聖体拝領と毎夕の祈りを共にすることが、自分たちを強くし、互いへの愛を育むのだと彼らは強く感じているのです。食卓を囲み、共に賛美する中で、互いを友として見出し、互いへの誓いを新たにします。彼らはその友情から勇気を得て、たとえ異なる方向に進むよう神が彼らに求めても、主に従っていくことができます。ですから彼らの関係は、祭壇を囲んで共に立つようなものなのです。ちょうど、ルブリョフの聖三位一体のイコンに見られる三人が、神聖で空っぽな空間を囲んでいるように。この三人の人物は、互いの内と間にある空白の空間を守ることに共に尽力しているのです。

ですから、すべての関係は、その中心に聖なる空き部屋、つまり、初めの愛である神だけのための空間《スペース》を持つのです。聖なる中心がなければ、パートナーシップや友情は、聖堂の丸天井《ドーム》がない街のようになってしまいます。ドームは私たちに中心を思い出させてくれますが、それがなければ、どんな活動も意味や方向性を持たないものになってしまうでしょう。

神の愛の生きたしるし

修道生活に専念する人たちは、もっぱら独身を誓うことで自らを聖別します。これもまた、私たちの世界において非常に重要な意味を持ちます。聖別された生活を選択することによって、「初めの愛」である神を優先することを宣言するのです。独身を誓う人たちは、私たちの源と目的がどこにあるかを他の人々に思い起させる証人であり、しるしです。

私たちは第一に神の子であり、何よりもまず神に属しています。誰もがそうです。聖別された独身生活を送る人は、特定の一人に執着しません。そしてその生き方は、神の子である私たちにとって、神との関係こそすべての人間関係の始まりであり、源であり、目的であることを思い出させてくれます。独身を誓う人は、執着しない生き方によって、クリスチャン生活についての美しい真理を掲げるのです。

独身を誓う人は、空中ブランコ乗りやライオン使いたちの危険な演技の合間に、つまずいて転ぶ姿を見せるサーカスの道化師のようなものです。名人芸を見ると、それがさも重要であるかのように感じますが、道化師の姿は、人間が行うどんな活動も、究極的にはそれほど重要ではないのだと気付かせてくれます。

独身誓願者は、結婚しないこと、自分のために家を建てたり財産を築いたりしないこと、できる限り多くの影響力を持とうとしないこと、そして行事や社交や名を残すような創作物によって自分の人生を満たさないことにより、聖なる空白のスペースを生きています。

彼らの望みは、自分たちの「空《から》の」生活によって、神こそがすべての人間生活と活動の源であることを、人々の目により分かりやすくすることです。特に、結婚しないことや人間の愛の最も親密な表現を自制することによって、独身を選ぶ人は対人関係の持つ限界や、どんな人間によっても侵害されることのない内なる聖所の大切さを示す、生きたしるしとなるのです。

では、独身でいることの証しとは誰に対するものなのでしょうか。私はあえてこう言います。第一に、それは既婚者に対する証しです。結婚と独身の間には大変重要な関係がありますが、私たちはそれを充分に検討してきたでしょうか。最近、私はとても痛みを伴う形で、この相互関係に気づきました。独身でいる人の危機と既婚者の危機は、同時に起こっていると気づいたのです。

多くのカトリック司祭や修道者が、独身を誓う生活から離れ始めたのと同時に、既婚者たちの多くもまた、互いに対するコミットメントの価値に疑問を持ち始めたのです。

この二つの現象は、因果関係はありませんが密接につながっています。なぜなら、結婚して生きることと独身で生きることとは、まったく異なるものでありながら、それぞれにクリスチャン共同体における生き方を支え、また互いを支え合うための形態だからです。独身を保つ人は、結婚している二人の互いへの献身の支えとなります。なぜなら、既婚者は独身者によって、自分たちの中心にある「空き部屋」を思い出すことができるからです。

独身を保つ人の生き方を見て、既婚者は自分たちもまた、自らの聖なる中心を守り養う必要があると知り、感情や愛情の安定だけに頼ることのない人生を生きるようになります。結婚生活は、彼らが一緒になるようにと召してくださった方に対する、夫婦それぞれが捧げる愛と、夫婦として共に捧げる愛に根ざすべきなのです。

そして既婚者もまた、独身の人生を選んだ人たちへの証しになります。神の愛は、豊かで創造的な人間関係を用いて、家族や親密な共同体を生み出すことを示すからです。既婚者は、愛を誓うことが、いかに自分たちを実り豊かで、寛容で、愛に満ちた者とし、わが子や困窮する人々に対して忠実であるようにするか、というヴィジョンを独身者に与えてくれます。既婚者は、独身を選ぶ人たちにとって、神への誓いを想起させる生きたしるしなのです。このように独身者と既婚者は、互いを必要としています。

独身者が既婚者の生活を、また既婚者が独身者の生活を、それぞれ深く理解することは可能です。「あなたは結婚していないから（または独身だから）、私の言っていることが分からない」というような発言は誤解を生みます。結婚と独身は互いに仕え合い、すべての人間の愛の源である神の愛を共に証しすることで結ばれています。だからこそ、独身者と既婚者はその異なるライフスタイルを支え合うことで、互いにかけがえのない助けとなることができるのです。

独身でいる人は既婚者への証しとなるだけではありません。神を探し、神に耳を傾けるすべての人に向けて、この世における神の臨在について既婚者と共に語ります。この世界はあまりにも混雑し、対立と痛みに絡め取られていますが、独身者は独身という生き方で、既婚者は共に生きるという生き方で、それぞれ神に献身することで、この世界における神の善と愛のしるしとなるのです。

両者とも、あらゆる人間関係の泉であり源である神に立ち返るよう、異なる方法で人々に呼びかけます。都会のただ中で、心の中に神を第一に置くことなしに平和と愛を自ら作り出そうと試みても、そのような試みは絶望的であり、結局失敗に終わるだろうと、両者は異なる方法で語るのです。

独身者は、どんな犠牲を払ってでも内なる聖域を尊重する必要性について語ります。既婚者は、まず神との親密さを基礎として人間関係を築く必要性を語ります。しかしどちらも、すべての愛の源と、この世における神の臨在を証しします。両者は共に、キリスト教共同体の美しさを形成し、疎外と孤独の世界における希望のしるしとして輝きを放つのです。

このように、引き裂かれ苦しんでいる世界を私たちが見つめ、より良い人間関係を築こうと懸命に努力するとき、独身でいることは、それらの人間関係をよりよく実現するための道を雄弁に物語ります。このことが私たちにとっての励ましとなり、希望となりますように。

自分の生活の中に、神のためのスペースと時間を造るよう真摯に努力しましょう。神は私たちに愛の道を示すために、イエスをこの世に遣わしてくださったのですから。たとえ互いに愛し合うことが容易ではなくても、それは可能だと知ることにおいて成長していきましょう。私たちが愛するのは、まず豊かに愛されてきたからなのですから。

ライフスタイル

役に立たない……

独身でいることをワカーレ・ディオ、つまり「内なる聖域における神との生活の目に見える証しとして、神のために空っぽであること」として見るとき、性的禁欲は独身生活の最も重要な側面ではないことが明らかになります。独身でいるとは、結婚していないとか、性的関係を持たないということではないのです。独身とは、神に開かれていることであり、性的禁欲はその表れの一つに過ぎません。独身でいるとは、すべての関係において神が優先されることを証ししようとするライフスタイルです。これは、私たちの生活のあらゆる部分に関わってきます。すなわち、どのように食べたり飲んだりするのか、どのように働いたり遊んだりするのか、どのように眠ったり休んだりするのか、どのように話したり沈黙したりするか、などです。

独身でいるとは、誰よりもまず神に愛されることに心を開くことです。独身を選択した生活は、出会う人々に感動を与えるはずです。なぜなら、それは自分という存在の深い意味について、人々の心に絶えず問いを投げかける、ある種の今も進行中の街頭劇場《ストリート・シアター》だからです。

独身を選ぶライフスタイルには、神のためにこの空白のスペースを育み、守るのに必要な二つの支えがあります。それは、「観想的な祈り」と「自発的清貧」

です。観想的な祈りは、神のためにスペースを作り、空《から》でいることを絶えず体験するものなので、独身生活に欠かせません。

ただし、それは人づきあいから退き、神と忙しく時間を過ごすことではありません。むしろ、私たちの心の中に神ご自身が住まう場を作りたいという、神の究極的な願いに対する応答です。何かをやって見せたり、証明したり、議論したりして忙しく立ち回るのでなく、じっとして、ただ神を待つことへの招きです。立ち止まり、待ち、神が私たちの空白を満たしてくださると信じるのです。それは痛みを伴うかもしれませんが、紛れもなく対抗文化的なあり方です。

このように、独身でいることと、待ち、耳を傾け、信頼するための観想的な祈りの間には、親密なつながりがあります。独身でいることも観想的な祈りも、私たちが神のために空《から》であることを求めるのです。私たちは功利主義的な文化の中で生きており、そこには何か実用的なこと、役に立つこと、有益なことをしなければならないという集団的な強迫観念があります。

私たちはそのような強迫観念に苦しみ、自分の価値を実感できるような貢献をしなければならないと感じます。観想的な祈りは、その現実に対する徹底的な批判の形の一つです。有用でも実用的でもありません。ただ神のために、神と共に時間を浪費することです。

私たちの神は私たち一人ひとりを気にかけてくださるお方であり、地球というこの驚くべき惑星に私たちを創造し、支えてくださっていることを私たちに思い出させるために、この忙しさのただ中で自らにストップをかけるのです。ですから、神の前に裸で、無力で、無防備に立つことは、独身を選ぶライフスタイルにとって重要な表現となります。

何の役にも立たないこの祈りの中で、神は私たちに会いに来てくださいます。私たちの役目は、空っぽで、自由で、オープンになり、「神が我と共にある」ことを意識し、神の臨在を感じ取り、その愛の声に心を込めて耳を傾けることです。イエスが御父との交わりの中で休息するために、朝早く丘に行かれたときに感じたであろうそのご臨在を、私たちもゆっくりと知るようになります。主は私たちの空白の中に現れ、神や人類家族に対する深く親密な愛情で私たちを満たしてくださいます。

ですから私たちは、とても温かく、愛情深く、親密な祈りの生活を培うために努力したいものです。それは、優しく思いやりのある神の臨在が実際に私たちに触れ、私たちが生きたいと願う人生に影響を与えるような、そういう時間と空間を生み出す祈りの生活です。愛の創造主とのこの交わりは、神に受け入れられ、神に属していることを体験させてくれるので、私たちにだんだんと新しい自由をもたらします。

私たちは一人ではなく、母性愛、兄弟愛、姉妹愛を体現する父性を持つ方に抱かれて生きていることを、祈りの中で知ります。このような親密さを知ることは、この世で生きる生活の基礎となり、自己肯定感や愛情を得るために他の人にしがみつく必要がないと分かります。私たちの中に存在する神の愛の豊かさこそが、私たちのすべての働きの源となるのです。

そして、貧しい……

観想的な祈りのほかに、独身生活では自発的な清貧も求められます。裕福な独身者は、太った短距離走者のようなものです。独身を真剣に考える人は、「私は貧しいだろうか?」と問う必要があります。その答えが、「いいえ、私は教会の人たちよりたくさん買い物ができ、私が仕える人たちよりも良いものを飲み食いすることができるので、他の人たちよりもずっと裕福です」と言うなら、独身でいることをまだ真剣に受け止めていません。

シンプルに生きるという選択はおそらく、独身を選ぶライフスタイルの最も顕著なしるしの一つでしょう。一方で、衣食住や教育費の支払いに日々追われている自分の生活と、そうした縛りのない聖職者や独身者の生活を比べ、「いったいどちらが福音を証して生きているのか」といぶかしく思い、独身を真剣に受け止めない人がいることも事実です。

現代のミニストリーで強調すべき点があるとすれば、それは生活の自発的な簡素化でしょう。資本主義の罪は誰の目にも明らかで、食べ物や住まいや最も基本的なケアの不足のために大勢の兄弟姉妹が苦しんでいるのを日々、耳にします。その中で、生活が物であふれ、満腹し、自分の持ち物をどうしたらいいかという悩みで頭がいっぱいなら、私たちはどうやって自分を「空白を満たしてくださる神」の証人だと見なすことができるでしょうか？

私たちの住む世界で、神のために自分を空《から》にすることを表すには、自発的な清貧こそおそらく最もふさわしい形です。それは、人類という家族の苦しみへの私たちの連帯という最も説得力のあるしるしであり、また、性的禁欲生活の最も強力な支えとなるに違いありません。

個人であれ、教会であれ、活力があるところには、ある種の貧しさや空白があります。ローマはまさにそういうところで、マザー・テレサの「神の愛の宣教会」がスラム街で活動しています。また、メキシコやパラグアイやブラジルも同様です。そこでは、貧しい人々は私たちにライフスタイルを簡素化するよう呼びかける預言者として認識されています。アメリカでは、「カトリック・ワーカー」［下ロシー・ディが始めた運動〕や「ソージャナーズ・コミュニティ」〔ジム・ウォリスが始めた働き〕が、恵まれない人々を歓迎するために心と扉を開き、彼らの教師やメンターとなっています。

自らを刷新している教会はどこでも、刻々と変化する世界の動きへの自然発生的な応答として、自発的な貧困を受け入れています。私たちは個人としても集団としても、少数者による独占的な富の増大を批判し、大勢の人々の間に増大する不幸に対する深い連帯を表明したいものです。

この清貧が、各個人の生活の中で具体的にどういう形になるのかは、見極めが必要なため簡単には言えません。私たちは、いとも容易《たやす》く裕福すぎる側に資金を投資したり、あるいは止めるべきではないところから投資を引き上げたりしがちです。しかし、私はあえて言いたいのです。観想的な祈りを規律正しく実践している人は、遅かれ早かれ、金持ちの青年〔マタイ19・16〜30他〕に対するキリストのことばに直面するでしょう。

一つ確かなことがあるとすれば、私たちは皆、一人ひとり、ついにはこう質問するこの金持ちの青年に似ているということです。「先生、永遠のいのちを得るためには、どんな良いことをすればよいのでしょうか」。しかし、それほど確かでないのは、イエスの答えを聞いて行動する準備が私たちの側にあるかどうかです！　この金持ちの青年のように、安全で快適な自分の生活にしがみつくなら、私たちもまた彼のように悲しむことになるでしょう。

私が深く確信しているのは、観想的な祈りと自発的な清貧こそ、独身を実践しようとする人たちを支える二つの大きな柱であるということです。

結びに

ここで、独身でいることに関する私の省察をまとめ、結論を述べたいと思いますが、独身を選択することに関する皆さんの疑問の多くが、じつはまったく解決されていないことを私はよく分かっています。私たちのセクシュアリティーを、それが持つ情熱、願望、ニーズ、そしてストレスの多い環境での日常生活と統合することについて、私はあえて触れませんでした。

また、独身を選ぶという実践が、共同体生活に与える重大な影響についても触れていません。独身に伴う豊かな実り、賜物、喜びについての説明も省きました。というのも、私はきわめて意識的に、独身を選ぶことの有用性を強調しないようにしたかったからです。

独身を、単に、他者のためにいつでも自分を差し出せるような生き方、私たちの賜物を惜しみなく分かち合うよう促す生き方、あるいは、最も助けが必要な人たちのもとに自由に駆けつけられる生き方として語るなら、独身をあまりに便利で、限定的なものにしてしまわないでしょうか。天の御国のために自ら宦官《かんがん》になるという愚かさ（マタイ19・12）を、充分に意識できなくなってしまうのではないでしょうか。

イエスは、独身を実用的、有用的、効率的なライフスタイルとして紹介することはありませんでした。独身でいることについて彼が語ったのは、「それを受け入れることができる人は、受け入れなさい」でした。ほとんどの人にとって独身を選ぶとは、受け入れやすく、理解しやすく、明白な選択では決してないことをはっきり理解するように、イエスは私たちに呼びかけています。ですから、私たちが独身でいることを有用性の観点から見るなら、それは福音の精神への賛辞というよりも、アメリカ的な実用主義《プラグマティズム》の精神への賛辞と言えるでしょう。

自己充足を究極の目標とするこの社会の中では、神のためにいくら空っぽのスペースを守り育てても、ほとんど何の役にも立ちませんし、実用的でもありません。ですから、私たちは騙されないようにしましょう。この世界には、私たちを誘惑しようとする強力な力が働いています。その誘いの声は、何もせずに主を待つことは何の役にも立たない、持っていて当然の物を手放すことはまったく実用的でない、伴侶との親密な関係も子どももない暮らしなんてとても賢いとは言えないと、私たちにささやくのです。

しかし、それでもなお、観想的な祈り、自発的な清貧、そして性的禁欲は、私たちが「愛」なるお方に出会い、「愛」の声に耳を傾け、私たちのただ中にある「愛」の臨在を祝う、内なる空白のスペースの美しさを証しする独身生活の三つの要素です。

私たちがついにこれらすべての無益さ、非実用性、愚かさを受け入れるとき、独身でいることの有用性が最終的に証明されるのです。それは私たちの世界に属するものではありません。私たちのただ中にある神の国の領域においてこそ経験できる有用性です。この有用性は、空《から》になることの痛みを充分に経験した者だけが知っています。

人生というサーカスにおいて、私たちはまさに道化師なのです！　それができる人たちは、情熱とエネルギーのすべてをもってこの素晴らしい召命に身を捧げましょう。そうすれば、私たちに出会う人々は、頑固で頭の固い子たち「私たちのこと」を無限の優しさと配慮をもって愛してくださるお方が私たちの内におられることに気づき、きっと笑顔になるでしょう。

第3章　祈りと思考

はじめに

祈りというと、私たちは通常、成熟した豊かなクリスチャン生活を送るために行うべき数あることの一つであると考えます。私たちは自分自身に、また互いにこう言います。「祈ることを忘れないように！　祈りは大切です。祈りなしでは私たちの人生は底の浅いものになってしまいます。自分の時間を人にだけでなく、神にも捧げるべきです！」。

祈りが大切だという確信を得て、ことさらに意欲がかき立てられると、毎日1時間、毎月1日、毎年1週間を祈りに捧げようという気にさえなるかもしれません。そうやって祈りは、私たちの生活の一部に、しかも大変重要な一部分になるでしょう。

ところが、使徒パウロが祈りについて語るとき、彼は非常に異なる言い方をしています。祈りは生活の一部ではなく、生活のすべてであると言うのです。彼は祈りを、「忘れてはならないもの」として語っていません。むしろ、私たちの絶え間ない関心事であると主張しています。

パウロは読者に、時折、定期的に、あるいは頻繁に祈るようにと勧めているのではありません。彼が勧めているのは、いつも、絶えず、途切れることなく祈ることです。毎日いくらかの時間を祈りに費やしなさいと言っているのでもありません。いいえ、彼はもっと過激です。昼も夜も、喜びのときも悲しみのときも、仕事中も遊んでいるときも、中断も休みもなく祈りなさいと言っているのです。

パウロにとって祈りとは、呼吸のようなもの、中断したらいのちが危険になる、というようなものなのです。

パウロはテサロニケのクリスチャンにこう書いています。「絶えず祈りなさい。すべてのことにおいて感謝しなさい。これが、キリスト・イエスにあって神があなたがたに望んでおられることです」（Ⅰテサ５・17〜18）。パウロは絶え間ない祈りを要求するだけでなく、自らもそれを実践しています。ギリシャの共同体にはこう言っています。「こういうわけで、私たちもまた、絶えず神に感謝しています」（Ⅰテサ２・13）。「兄弟たち。あなたがたについて、私たちはいつも神に感謝しなければならなりません」（Ⅱテサ１・３）。「私たちはいつも、あなたがたのために祈っています」（Ⅱテサ１・11）。ローマ人には、「私は絶えずあなたがたのことを思い」（ローマ１・９）と書いています。彼はまた、友人テモテをこのようなことばで慰めています。「祈りの中であなたのことを絶えず思い起こし」（Ⅱテモ１・３）。

パウロの手紙に繰り返し登場するギリシャ語は、pantote《パントテ》（いつも）とadialeiptos《アディアレイプトス》（絶えず）の二つです。これらの言葉から、パウロにとって祈りとは、単に生活の一部ではなく、生活のすべてであることが明らかです。思考のすべて、感情や気持ちの一部ではなく、そのすべてなのです。パウロの情熱には、部分的な献身、断片的な世話、ためらいがちな寛大さが入る余地はありません。彼はすべてを与え、すべてを求めます。

人生に対するこの徹底的なアプローチは、明らかにいくつかの難しい問題を提起します。彼は何の話をしているのでしょうか？「絶えず祈りなさい」とは、どういう意味なのでしょうか？ただでさえ過酷でストレスの多い生活を、絶え間ない祈りとして生きるなど可能でしょうか？頭の中に絶えず侵入してくる果てしない雑念は、どうすればいいのでしょうか？さらに、眠っているときや気晴らしのための時間を過ごしているときは、どう祈れというのでしょうか？人生の緊張や葛藤から逃れるためのこうした時間を、ある種の祈りに昇華させることなどできるのでしょうか？

このような疑問は現実のものであり、霊的な旅路において、パウロの「絶えず祈りなさい」という勧めを真剣に受け止めようとする私たちの多くを困惑させてきました。

絶え間ない祈りへの願いを示すよく知られた例に、19世紀のロシアの農民の話があります。彼は「絶えず祈りなさい」というパウロの呼びかけに従順でありたいと強く願い、スターレツ〔東方正教会の霊的指導者〕と呼ばれる、祈りに身を捧げた禁欲生活を送る聖なる人を探して砂漠に向かいました。

彼は答えを求めて、一人、また一人と相談しました。そしてついに聖なる人を見つけ、「イエスの祈り」を教えてもらいました。その人は、「主イエス・キリストよ、私を憐れんでください」と毎日千回唱えるようにと言ったのです。農民はそれを実践することで、「イエスの祈り」が徐々に自分の呼吸や鼓動と一体化していくことに気づきました。それから彼は、聖書と『フィロカリア』〔東方教会の霊性に関する著作集〕と乾パンと塩を入れたナップザックを持ってロシア中を旅し、絶え間ない祈りの生活を送りました*。

私たちはこの19世紀のロシアの農民のように放浪はしないでしょうが、それで

＊R・M・フレンチがロシア語から翻訳した『巡礼者の道（*The Way of the Pilgrim*）』（New York: Seabury Press, 1965）参照。

も「どうすれば絶えず祈ることができるだろうか」という素朴な問いは、私たちの問いでもあります。

私は、19世紀の広大で静かなロシアの草原地帯という文脈からではなく、現代の西洋社会の落ち着きのなさという文脈から、この問いに答えたいと思います。絶え間ない祈りへの呼びかけを、絶え間なく働く思考プロセスの転換として深めてみたいのです。

そこで、核心となる問いはこのようになります。「どうすれば私たちの絶え間ない精神活動を、絶え間ない祈りに変えることができるだろうか?」。もっと簡単に言うなら、「どうすれば、考えることが祈ることになるのか?」です。

まず、私たちの絶え間ない思考が、いかに喜びの源であり、また苦しみの源であるかを考えてみてください。それから、この絶え間ない思考が、いかに神との絶え間ない会話へと変わる可能性を秘めているかを考えてみてください。そして、思考から神との会話へと継続的な転換を促すために、どんな修練を行うことができるか探っていただきたいのです。

そうすることで、祈りにおける神との絶えざる交わり《コミュニオン》が、もはや非現実的な夢物語ではなくなり、多忙な世界での多忙な私たちの生活においても現実的な可能性が開けることを願います。

絶え間ない思考

考える葦

最近、私は思うのです。人間が考えていないときなどあるのだろうか、と。私たちの頭の中ではつねに何らかの思考プロセスが働いており、何も考えないでいるなど、人間にとってそもそも不可能ではないでしょうか。

パスカルは、人間を「考える葦《あし》」と呼びました。そして思考能力こそ人間を人間たらしめ、いかに他のすべての被造物から区別するものであるかを説明しようとしました。私たちの感情、情熱、感覚はすべて思考と密接に関係しているため、思考は私たちの喜びや悲しみが生まれる「ゆりかご」を形成していると言っても過言ではありません。

ここでの「思考」や「考える」という言葉は、非常に広い意味で使われており、さまざまな精神的プロセスを含みます。これらのプロセスを見るなら、私たちは好むと好まざるとにかかわらず、絶え間ない思考に巻き込まれ、場合によってはその支配下にあるとも言えるでしょう。

私たちにとって最も身近でありながら、あまり行うことのない思考の形態に、「内省的思考」、つまり「思い巡らし」があります。思い巡らしとは、出来事や、それにまつわる考え、イメージ、感情などを意識的に振り返ることです。そのためには、意志の力を集中的に用いる必要があり、規律、持久力、忍耐力、そして多くの精神的エネルギーが必要です。

たくさん勉強している人は、秩序立った内省がいかに難しいか、そしていかに私たちを疲れさせるものか知っているでしょう。思い巡らしは本当に大変な作業であり、簡単にできるものではありません。しかし、思い巡らしていないときは何も考えていないのかと言えば、そうではありません。私たちは自分でも気づかないうちに、何かを考えていることがよくあります。

ローマの街を歩きながら、ふと自分の故郷、両親、兄弟姉妹のことを思い浮かべていることはありませんか。そしてはっとして、そんなことを考えるつもりはなかったのにと思うかもしれません。あるいは、突然、パスタとワインのことや、寄付するお金がたくさんあればいいのにとか、セックスのこと、アメリカ大統領から電話がかかってきたら何と言おうか、などと考えていることに気づくかもしれません。ローマでは、もし自分が教皇に選ばれたらどんな名前を選ぼうか、迫害を受けて電気ショックで拷問されたら自分の信仰について何て言おうか、あるいは何も言わないでおこうか、アメリカンカレッジ［バチカン市国にある神学大学］の５階から飛び降りたら誰が私のために泣くだろうか、などといったことをつらつらと考えるかもしれません。もし自分が結婚したり、叙階されて聖職に就いたり、親になったりしたらどう行動しようか……といったことを夢想しているかもしれません。このようなことを考えるつもりはなかったし、考えたいとさえ思っていなかったのに、考えている途中で我に返り、思考やイメージや感情の複雑なネットワークに絡みとられていたことに気づくのです。

思い巡らしに至る前の、この受動的な思考は、時に不快なものもあり、そんな考えが一体どこから来たのだろうかと不思議に思ったりします。不安や恐れをかき立てることもあります。自分らしくない思いが突然どこからともなく浮かんできて、私たちは自分が考えることをコントロールできないのだと気づきます。非常に厳粛な場面で、非常に平凡なことを考えているかもしれません。

神の愛についての説教を聞いているときに、説教者の髪型が気になるかもしれません。霊的な本を読んでいるとき、ふと夕食の献立や、まだ書いていなかった手紙、かけなければならない面倒な電話のことなどで頭がいっぱいになっている自分に気づきます。教会で美しいセレモニーを見ながら、自分の10代の子どもたちとどう接したらいいか、職場でどうやって昇給を求めたらよいか、夫婦間の緊張をほぐすにはどうすればいいか、などと考えていたりするかもしれません。

実際、私たちは、とても素晴らしい瞬間にとてもつまらないことを考えていることが、少なからずあるものです。しかし問題は、私たちは何も考えずにいることはできない、ということです。いつも否応なしに何かを考えていて、制御なしの、あるいは制御の効かない自分の思考に、本心を暴かれたと感じることがよくあるのです。

睡眠時間まで考慮に入れるなら、私たちの思考プロセスは、内省しているときや無意識での妄想よりもさらに深いところにまで及びます。夜中に目が覚めたとき、恐ろしい自動車レースや豪華な食事が並ぶ宴会、あるいは天国の合唱団に参加していた最中だったかもしれません。夢の中で起こったこと、聞いたこと、言ったことを、詳細に説明できるときもあれば、夢の最後の瞬間だけを覚えているときもあります。漠然とした恐怖や喜びが残っているだけのときもあります。

睡眠中に多くのことが起こっていることは知られていますが、私たちは時折その断片をとらえるだけです。脳波を注意深く調べると、脳は睡眠中もつねに活動していると分かります。夢の内容は何も覚えていなくても、私たちは毎晩夢を見ているのです。そして夢の中の出来事は、日中の思い巡らしやとりとめなく心が迷い出ることに比べれば、取るに足らないと考えがちです。しかし夢は、多くの人にとって知識を得るための主要な情報源であることを忘れてはなりません。

旧約聖書では、ヤコブは天使が梯子《はしご》を上り下りするのを見て神の呼びかけを聞きました。ヨセフは、稲の束や太陽、月、星が自分にひれ伏すというヴィジョンを見たことで兄弟を刺激したため、エジプトに追いやられました。新約聖書では、イエスの父ヨセフがヘロデについて警告する天使を夢の中で見て、マリアと子どもを連れてエジプトに逃亡しました。聖書の時代から遠く離れた今世紀では、ジークムント・フロイトやカール・ユングが、夢は自分についての真実を教えてくれると言っています。

喜びと悲しみの源

私がこのようなことを言うのは、私たちが好むと好まざるとにかかわらず、昼も夜も、最も意識がはっきりしているときも、最も深い眠りのときも、働いているあいだも、休んでいるあいだも、人はいかに絶え間なく思考を巡らせているかを改めて説明するためです。

これは私たち人間の逃れられない窮状です。それは大きな喜びと大きな苦しみをもたらします。絶え間なく続く思考は、私たちの重荷であると同時に贈り物でもあるのです。時には、考えるのをしばらくやめたいと思うときもあるかもしれません。それができれば、失くした友人の記憶や、愛する人との過去の別れに悩まされることはないでしょう。世界の飢餓や抑圧に直面するとき、それを知ることによる無力感に悩まされることもないでしょう。

このような思考は、最も不都合な時に私たちにつきまとい、最も睡眠を必要とするときに私たちの眠りを妨げます。私たちは、心に刻まれた不快な落書きを消すために、絶え間なく続く思考から解放されたいと願います。

しかし、絶え間ない思考には別の側面もあります。思考がなければ、笑顔も、笑いも、静かな喜びもありません。友だちのことを考えられないなら、どうして友だちとの再会を喜べるでしょうか？　誕生日や国民の祝日、宗教的な祭日を祝うのに、その出来事の意味を認識していなければ、どうやって祝うことができるでしょうか？　もし受け取った贈り物のことを忘れてしまったら、どうして感謝することができるでしょうか？　いろいろな出来事を頭の中でつなげて考えることができなければ、どうして心を高揚させ、歌い踊ることができるでしょうか？

私たちの思考は、悲しみと喜びを抱く「ゆりかご」の役目をするのです。そこに何もなければ、心は嘆くことも喜ぶこともなく、目は泣くことも笑うこともなく、手は拳《こぶし》を握ることも拍手することもなく、舌は呪うことも賛《たた》えることもできません。

このように、私たちは「考える葦」だからこそ、人生を深く感じ、さまざまな悲しみや喜びを経験することができます。私たちに必要なのは、自分の思いと存在の中核にある思考というこの絶え間ない活動を、徐々に、ゆっくりと、しかし粘り強く、神との絶え間ない交わり《コミュニオン》へと変化させることです。

絶え間ない祈り

対話の中で

パウロが私たちに求める「絶えず祈る」ということが、絶え間なく神のことを考えるという意味であるなら、私たちにはまったく不可能でしょう。さまざまなことで心がいっぱいの人だけでなく、一日に何時間も祈る修道士にとっても、それは無理です。一日中神のことを考えるなど非現実的な期待であり、そんなことをしたら精神的バランスを崩すかもしれません。

神と絶え間ない交わりの中にあるとは、神のことだけを考え、他のことは考えない、という意味ではありません。ただ神とだけ時間を過ごし、他の人とは過ごさない、という意味でもありません。私たちが考えることを、「神について」と「他のこと（人や出来事など）について」の二つに分けるようになると、途端に神は私たちの日常生活から切り離されます。その時点で、神は私たちの生活の片隅にある敬虔な小さなスペースに押しやられるのです。私たちが敬虔なことを考えたり、敬虔な感情を持ったりするための専用のスペースです。

神のためだけの時間を確保することは、霊的生活にとって確かに重要であり、不可欠です。しかし、私たちの祈りが神との絶え間ない交わりになるのは、美しいことも醜いことも、うまくいっていることもいっていないことも、誇らしいことも恥ずかしいことも、悲しいことも嬉しいことも、あらゆる思いを、私たちの内に住み、私たちを取り囲んでおられる方の前で考えることができるようになったときなのです。

そうすることで、私たちの絶え間ない思考は絶え間ない祈りに変わり、自己中心的な独白から神中心の対話へと変化していきます。ただしそのためには、自分の思考を会話に変換する必要があります。したがって、私たちが問うべきなのは、何を考えるかということよりも、誰に対して自分の考えを差し出すかということなのです。なぜなら、絶え間なく祈るとは、愛なるお方の臨在の中で考え、生きることであるからです。

自分の考えを、もはや自分だけのものにとどめず、口に出し、告白し、分かち合い、会話に持ち込む勇気を得るなら、私たちの日常生活がどれほど大きく変化するか想像に難くありません。恥ずかしくなるような考えやわくわくするような考えが、孤立した状態から取り出され、誰かとの関係の中に持ち込まれるとき、たちまちまったく新しいことが起こります。そうするためには確かに勇気と信頼が必要です。自分の考えがどう受け止められるか分からないからです。しかし、思い切ってやってみて、受け入れてもらうことを体験するなら、私たちの思考そのものが新しい質を持つようになります。

絶え間なく祈るとは、恐怖に満ちた孤立から、神との恐れのない対話へと、自分の思考を向かわせることです。イエスの生涯は、愛する父なる神の前で生きる生涯でした。イエスは御父から何も、まったく何も隠すことはありませんでした。イエスの喜びも恐れも、希望も絶望も、つねに父との交わりの中で共有されていました。ですからイエスは弟子たちにこう言うことができたのです。「……あなたがたはそれぞれ散らされて……わたしを一人残します。しかし、父がわたしとともにおられるので、わたしは一人ではありません」(ヨハ16・32)。

このように、祈りは、独り言から抜け出すようにと私たちを促します。そしてイエスに倣って、日々の生活が、私たちが「神」と呼ぶ方との絶え間ない会話に変わるよう求めるのです。

ですから祈りとは、内省や内観や自己観察ではありません。それらのものは、自分の内側に目を向け、自らの思考プロセスの複雑なネットワークに入り込み、内なる論理や物事を明らかにするようなつながりを探すことを意味します。それは、自分をもっとよく知りたい、自分の内面を熟知したいという欲求から生まれるものです。

内省や内観は、私たちの思考過程において有益な役割を果たしますが、自分自身の考えや気持ち、感情の迷宮に入り込み、ますます自己にとらわれてしまう危険性もあります。身動きがとれなくなるような悩みや非生産的な自己満足を引き起こすことも少なくありません。気分の浮き沈みをもたらす可能性もあり、この気分の浮き沈みは、私たちの社会で非常に広く見られる現象です。それは、私たちがいかに自分自身に大きな関心を持ち、自分の考えや感情に敏感すぎるかを示しています。これによって私たちの生活は、「高揚感」と「落ち込み」、「良い日」と「悪い日」のあいだの絶え間ない変動となり、結果として一種の自己愛の形となります。iii

祈りとは内省や内観ではないのです。祈りは、自分の考えや感情を覗《のぞ》き込み入念に分析することではありません。私たちを出会いに招き入れてくださる愛なる存在に注意を向けることです。私たちの考え、すなわち思い巡らしや振り返りを、昼間の空想も夜に見る夢も含め、すべてを神に差し出すことです。それらを受け取り、無条件の愛の光の中で見つめ、慈しみをもって応えてくださる方にお見せすることです。

「神の臨在」の中で考えるとは、つまり私たちが考えるすべてのことを愛なるお方との会話や対話に持っていくとは、この旅路に同伴してくださる優しい同伴者を、喜びをもって認めることです。私たちは、私たちの思い《マインド》と心《ハート》、私たちの善と美、私たちの闇と光を知っておられる神と共に歩んでいるのです。詩篇の作者は、詩篇139篇で、私たちのために祈りを捧げています。

主よ　あなたは私を探り　知っておられます。
あなたは　私の座るのも立つのも知っておられ
遠くから私の思いを読み取られます。
あなたは私が歩くのも伏すのも見守り
私の道のすべてを知り抜いておられます。（1～3節）
神よ　私を探り　私の心を知ってください。
私を調べ　私の思い煩いを知ってください。
私のうちに　傷のついた道があるかないかを見て
私をとこしえの道に導いてください。（23～24節）

とりとめもなく考えることから、愛なる方との交わりの中で生きることへの移行は、私たちの思考プロセスにおける根本的な転換です。私たちは徐々に、自分の心配事、関心事、自己満足、すなわち自分自身から離れていくのです。そして、愛によってすべてが新たにされることを信じて、自分のものだと認識しているすべてのものを、私たちを愛してくださる方に委ねるようになります。

予期せぬ偶像崇拝

しかし、絶え間ない思考から絶え間ない祈りへの転換は非常に時間がかかり、決して簡単ではありません。そんなにも無防備になり、裸になり、まったく隠されていない状態になることに、根深い抵抗感があるからです。それでも、神を愛したいという私たちの願いに、疑いの余地はないでしょう。

私たちは神を愛し礼拝する者でありたいと願っています。しかし同時に、自分の内側のほんの一部を、自分のために取っておきたいのです。自分の秘密の考えや夢や空想、そして自分で考えたシナリオを持ったまま、時おり隠れることのできる守られた空間を手放したくありません。絶えず神の愛の臨在の中で生きることについて考え始めると、たちまちある誘惑に駆られます。神との対話に持ち込む思考と、自分だけの時間のためにとっておく思考を、慎重に分けておきたくなるのです。

何が私たちをなぜそんなに怖がらせ、出し惜しみさせるのでしょうか？　もしかしたら、私たちの思いや心の中で起こっているすべてのことを、神様は本当に対処できるだろうかと疑っているのかもしれません。神は、私たちの憎しみに満ちた考え、残酷な空想、恥ずべき夢を受け入れてくださるでしょうか？　慈愛に満ちた兄イエスは、私たちの未発達なイメージ、誇大な幻想、エキゾチックな内なる城を取り扱えるでしょうか？

それとも私たちのほうが、自分の楽しい想像や刺激的な夢想を手放したくない、それを主に見せたら諦めなければならないかもしれないと、恐れているのかもしれません。親密な交わりを望みながらも、自分勝手な内省に引っ張られ、一歩前に踏み出してはまた後ずさりします。恐怖が切望と、貪欲が寛大さと混ざり合い、他者の目には隠されたその迷走がどれほど愛なるお方による癒やしを必要としているのか、私たちは次第に気付きます。
自分の思考の大部分を神から遠ざけるなら、私たちはおそらく、自分からは決して通りたくない道へと向かうことになるでしょう。それは、偶像崇拝への道です。偶像崇拝とは偽りの像を崇拝することであり、私たちの空想や心配事、喜びを自分だけのものとし、私たちの心の主《しゅ》にそれを示さないとき、まさにそれが起こります。こういった思いを神と共有しないなら、神との会話に差し出していない心の中の像に小さな祭壇を築き、自らの癒やしを制限することになるのです。

以前、精神科医を訪ね、自分の空想生活をコントロールすることが難しいと訴えたときのことを、私は鮮明に覚えています。不安なイメージが次々と浮かんできて、そこから自分を切り離せないと話したのです。私の話を聞くと、医師は微笑みながらこう言いました。「そうですね、神父様、あなたは司祭なのですから、それは偶像崇拝だと知るべきです。あなたの神は、偽の像を拝んではいけないと言っているのですから」。そのとき初めて、言葉や行動だけでなく、思いにおいても犯した罪を告白することの本当の意味を理解しました。それは、最も古く、もっとも蔓延《まん》している誘惑の一つである偶像礼拝を告白することなのです。

ですから、もう一度言います。神との絶え間ない交わりを持つことがなかなかできないのは、内面生活のある部分を自分だけのものにしておきたいという、私たちの願いによるのです。このように、愛であるお方に思い切って自分自身を委ねることへの抵抗は、非常に現実的で、非常に根深いものです。

絶え間ない祈りとは、偶像崇拝に対する真の、苦しい、進行中の闘いです。私たちのすべての思考が——起きているときも、寝ているときも——神との愛に満ちた会話に差し出されるときにこそ、私たちは従順を完全に知ることになります。そしてこれは明らかに、完全に成し遂げられることのない課題なので、もう一つの問いを提起する必要があります。修練についてです。

修練（discipline）とは「弟子（disciple）」という言葉から来ており、あまり好まれる言葉でないことは承知しています。しかし私たちは、それをどうにかして新しい視点で見るようにしなければなりません。そこで次に問うべきはこれです。私たちが愛なるお方に従う者、弟子になるために、どのような修練や実践が役立つだろうか？　私たちの道であり真理でありいのちであるお方の手に自らを完全に委ねるために、私たちは何をすべきだろうか？

修練

キリストを心に描く

絶え間ない思考を神との絶え間ない交わりに変えるには、多くの抵抗がありますす。そのため何らかのサポートが必要ですが、そこで助けになるのが「修練」です。修練の助けがなければ、「絶え間ない祈り」は漠然とした理想のままで終わってしまうでしょう。ロマンチックな魅力はあるかもしれませんが、現代の世界ではまったく現実的ではありません。

修練とは、途切れることのない祈りの生活が育まれるような状況や環境を作り出すために、非常に具体的な何かを選択する必要があることを示唆します。絶え間ない祈りは、独りになっての静まり《ソリチュード》と、祈りのために捧げられた時間という修練によって養われます。祈るためだけに毎日決まった場所と時間を取り分けることで、絶え間ない思考が絶え間ない祈りとなるような環境が生まれるのです。

なぜこのような計画的な祈りの実践が重要なのでしょうか? それは、ただ神の臨在に自分を開くためだけに特定の時間と場所を捧げることで、いのちと愛の対話のパートナーとして神の御霊を迎えるために集中し、希望を持って待つことができるからです。

この祈りの修練は、共同体での祈りや個人での祈り、言葉を用いる祈りや沈黙の祈りなど、さまざまな祈りの方法を含みます。毎日の静まりに入っていくときには、その可能性を理解し、神と共にあることへの希望と期待を持つことが何よりも重要です。

私たちはよく「人生のすべてを感謝のうちに生きるべきだ」と言いますが、この感謝の念は、ある特定の時に、非常に具体的で目に見える形で感謝を捧げることによって初めて可能になります。私たちはよく「毎日神の栄光のために生きるべきだ」と言いますが、これは神に栄光を捧げるための日が定期的に確保されている場合にのみ可能です。私たちはよく「いつでも互いに愛し合うべきだ」と言いますが、これは私たちが寛大で明確な愛の行為を普段から行っている場合にのみ可能です。

同様に、「私たちのすべての思考は、神との会話と交わりであるべきだ」と言うことができるのは、私たちが立ち止まり、ただ神だけに思いのすべてを向ける時間を持っている場合だけです。

教会での祝祷であれ、観想的な祈りであれ、すべての祈りの根底には、私たちがみことばと経験を通して知る神に対して、心を開いて注意を払うという私たちの側の努力があります。このことを念頭に置いて、私は、観想的実践と呼ばれる修練の重要性とその意味について、より詳しくお話ししたいと思います。観想的実践は、愛するお方との絶え間ない交わりへの確かな道の一つです。

観想と観想的な祈りについては、多くの良い文献が書かれてきました。それでもまだ私たちの多くは、観想的な祈りとは俗世界からかけ離れた、とても特別で、とても「高尚」で、とても難しく、私たちのように普通の仕事と普通の問題を抱えた普通の人にはできない、という印象を持っています。

これは悲しく、残念なことです。なぜなら、観想的な祈りの実践や修練は、私たちのように多忙で生活が統合されていない人にとってこそ、特に貴重であり、生きるための活力を与えるものだからです。私たち一人ひとりが、主との絶え間ない会話へと思考を転換するよう呼ばれているのが真実であるなら、観想的な祈りは、私たちを根本的に変容させるための修練となり得るでしょう。

観想的な祈りは本当にとてもシンプルで、素晴らしいものです。観想とは、神を見つめ、神を待つことです。イエスを見つめ、御父を見つめることです。「誰も神を見たことがないのに、どうしてそんなことが可能なのか」と、あなたは尋ねるかもしれません。

私たちは、神によってイエスがこの世界に遣わされたことを知っています。受肉と呼ばれるこの奥義によって、イエス・キリストの中に、そしてイエス・キリストを通して、私たちは生ける神を見ることができるようになりました。イエスは神の愛する御子です。イエスは肉体を持った神です。イエスの生涯において、そしてイエスの生涯を通して、私たちはイエスの愛する父である神と出会います。イエスを見て、イエスに耳を傾け、聖書のページを通してイエスに従うことで、私たちは神の像《かたち》であるお方を見、聴き、従うのです。

イエスは生ける神の御子です。イエスが神について弟子たちに語ったとき、ピリポは我慢できずに言いました。「主よ、私たちに父を見せてください、そうすれば満足します」（ヨハ14・8）。イエスは答えられました。「わたしを見た人は、父を見たのです。……わたしが父のうちにいて、父がわたしのうちにおられることを、信じていないのですか」（ヨハ14・9、10）。

ですから、観想的な祈りとは、イエス・キリストを神の像《イメージ》として見ることなのです。観想的な祈りでは、意識的であれ無意識のうちであれ私たちが神に対して持つイメージはすべて、私たちの生きた模範であり、神の唯一の像《かたち》である神の御子によって形作られ、形成されることになります。これが観想です。

観想的な祈りとは、神の御子イエスを心に思い描き、イエスを完全に私たちの意識内に入れて、心の内なる部屋につねに存在するイコンとすることだとも言えます。地上を歩くイエスを見つめ、愛情を込めてイエスに注意を払い、イエスがいかに御父への道であるのかを心と思考で「見る」のです。

イエスの生涯と働きは、御父と絶え間なく一つになることであり、御父を観想することでした。私たちも、イエスに従う者として、同じ姿勢に入ろうと努めます。私たちは観想の修練を喜んで受け入れ、イエスの生涯を思い描き、イエスと御父の間の驚くべき絆を見つめるために、定期的に時間を取ります。そして、イエスにおいて、イエスを通して、イエスと共に、私たちもまた神の無条件の愛に生き、浴することができると信じるのです。

簡単な例

実際、私たちはどのようにイエスを観想する（見つめる）のでしょうか。どのようにイエスと対話するときに、絶え間ない思考が絶え間ない祈りに変えられるのでしょうか。この問いに、単一の答えはありません。なぜなら、私たち一人ひとりが、それぞれの生活や仕事、毎日のスケジュール、伝統的に受け継いできたもの、性格に合わせて、神と過ごすための個人的な修練を身につけるよう招かれているからです。

修練のいいところは、その性質上、神を求める個人それぞれのライフスタイルに順応できることです。修練は、イエスに従い、愛する御父との交わりを経験したいという私たちの願いを支えます。そこで、観想的な祈りについてさらに説明するのではなく、その修練の一つの例を挙げてみようと思います。例を挙げることで、あなたが観想的な生活に入るための自分に合った方法を発見する、何らかの扉が開かれることを願います。

非常にシンプルな修練の一つは、毎晩寝る前に、「聖書日課《レクショナリー》」の翌日の箇所を、特に福音書に注意を払いながら読むことです［カトリック教会では毎日ミサと聖餐が執行され、決められた聖書箇所の朗読に、旧新約、詩篇、福音書が含まれる］。自分の心に響く部分があれば、そこによく耳を傾けてください。自分の経験に呼応する、あるいは特別な慰めを与えてくれる文章やことばを一つ取り上げるといいかもしれません。

そのことばや文章を何度か繰り返し、その一文や一語を窓口として、そこにある物語やメッセージの内容全体にあなたの心を開きます。その文章やことばを繰り返しながら、その内容がゆっくりと頭から心へ、そしてあなたの中心へと降りてくるようにします。

私は個人的に、この実践が危機的な状況のときに私の強力な支えとなることを体験してきました。特に、心配事や不安で眠れない夜、偶像崇拝に誘惑されそうなときに助けになります。福音書の物語や旧約聖書、新約聖書の著者のことばを思い出すことで、私は安全な内なる家という別の領域に入ります。そこでは私の心を占めるすべてのものを抱えたままで、ひとり置き去りにされることはありません。心配事はそのままですが、不思議と静かな祈りへと変えられていくのです。福音書の物語は、私を内なる聖域へと導いてくれるのです。

翌日の静まりと観想のための時間を予定します。あなたの予定表にあらかじめ印をつけておいてもよいでしょう。これは、読んだ箇所に登場するイエスを見つめるという約束です。その日のための福音書をゆっくりと読み直すのです。自分自身をその情景に置き、主があなたや人々の前で話したり行動したりする姿を想像してみます。この「主のために取り分けた時間」に、あなたはイエスを見つめ、耳を傾け、イエスに触れ、あなたの全存在をもってイエスとお会いします。

観想的な祈りの中で、私たちの癒やし主であり、教師であり、導き手であるイエスと出逢います。イエスの憤り、憐れみ、苦しみ、そして栄光のうちに、私たちはイエスと共にいます。彼と共に歩み、彼のことばに耳を傾け、彼と会話します。福音書の中で出会うイエスとの体験やイメージが、その日の他の聖書箇所からも強められることがよくあります。フィンセント・ファン・ゴッホはかつて、「福音書は山の頂上で、他の聖書は斜面である」と言いました。

その日の聖書箇所で私に語りかけてくださるイエスと、ただ交わるための「空っぽの時間」を持つというこの修練は、私にとって紛れもなくとても力強いものでした。一日の残りの時間、どこにいても、何をしていても、その「空っぽの時間」に見つめたキリストのイメージが、美しいイコンとして私の中に存在するのです。そのイエスの姿が私の思考の意識的な中心になるときもありますが、多くの場合、間接的にしか気づいていない静かな存在です。最初のうちは、その違いにほとんど気がつきませんでした。しかし徐々に、私の中には神の像であるイエスが宿っており、私の振り返りや思い巡らしを、そして落ち着きのない思考や日中の空想さえも変容するために、私の内で働いておられることに気づいたのです。このシンプルな日々の観想が、私の抱く夢を、絶え間ない神の永遠の愛の臨在と啓示の入り口へと、非常にゆっくりとですが、変えていってくれると心から確信しています。

最後に、福音書に表されたイエスを自分の中に取り込むというこの修練は、毎日の聖餐《ユーカリスト》［毎日あるミサでの聖餐］をまったく新しい視点から見ることを可能にします。特に夕方に行われる場合、聖餐は、私たちが日中共に旅をしてきた主が再び私たちと会い、今度は信者の共同体に再び語りかける真のクライマックスとなります。

聖餐によって、イエスは友と一緒に食卓を囲み、イエスと共にいるようにと私たちを招きます。それは信じられないほどの親密な瞬間であり、そのとき、私たちのすべての思いが彼の思いへと、完全に変えられます。観想の中で体験したイエスとの交わりは、「主の食卓」において完全なものとされるのです。日々の観想は、この変容をもたらす日々の聖餐のために私たちを整えます。

私たちは一日中、愛の臨在の中で生活するという実践に取り組んでいるので、聖餐にあずかるとはもはや単なる日課や義務ではなくなります。むしろ毎日の生活の中心となり、愛するお方との親密な交わり《コミュニオン》の瞬間となるのです。

日々の観想的な祈りの体験により、日毎《ひごと》のユーカリストの変容の力をはっきりと知るようになったことは、私にとって最も喜ばしい発見の一つでした。ユーカリストは私にとって、光と力と希望にあずかることのできる、深い親密さの体験、特別な瞬間、特別な場所となるのです。観想という最もプライベートな時間は、私たち個人にとってだけでなく、最終的には共同体全体にとっても益となることを私は理解するようになりました。

このシンプルな祈りの修練は、私たちの絶え間ない思考が主との絶え間ない交《コミュ》わり《ニオン》となることを支える、強力な構造となります。観想的な祈りの中では、イエスはもはや、遠い昔に異国の地で生きていた、見知らぬ人ではありません。むしろイエスは、私たちが日々関わることのできる、生きた存在です。私たちは、今ここで、生ける神と対話をしているのです。

私が述べた観想的実践は、多くの例の中の一つに過ぎません。規律ある祈りの生活の方向性を指し示す提案として挙げただけです。重要なのは、私たちの人生全体を祈りに変えるという美しいキリスト教の理想は、私たちが進んで取り組まない限り、ただの理想でしかないと気づくことです。

もし私たちが何らかの支えとなる修練を始めるなら、そこには大きな可能性が広がるでしょう。真の親密さと交わりを求める私たちの深い願いを実現するために、私たちは行動を起こすのです。この日々の実践に忠実であることで、私たちは徐々に、意識的かつ明確に、愛そのものとの出会いに入っていくのです。

結びに

私はここで、絶え間ない祈りとは、ロシアの素朴な農民だけがなし得る珍しいことではなく、私たち一人ひとりの現実的な召命であることを示そうとしました。確かに祈りの生活とは、望みさえすれば自動的に得られるものでも、たまに祈るだけで簡単に得られるものでもありません。しかし私たちが真剣に注意を払い、それにふさわしい修練を身につけるなら、私たちは生活の中で真の変化を経験し、より神に近づいていくのです。

もちろん、神との完全な交わり《コミュニオン》が、決して変わることのない継続的な心の状態になることはないでしょう。私たちにできるのは、ただ自分の願いに従って、それに注意を払い、修練することだけです。そうすることで次第に、私たちを注意散漫にするような心乱す思考の多くが、神への賛美へと変化していくことに気づくでしょう。そして、私たちが神をますます明確に知り、神の美しさを理解し始めると、自分が以前のようには人や物に気を取られなくなっていることにも気づくでしょう。

神の創造物は、私たちが見つめているお方について、さまざまな形で語りかけてきます。観想的な祈りとは、いつでも、どこでも、神の臨在の中に絶えずいることを実践すること、それ以上でも以下でもありません。祈りについてのこの真理を、私たちは徐々に意識するようになるでしょう。

テサロニケのクリスチャンに対するパウロの「絶えず祈りなさい」ということ

ばは、最初は厳しい要求、また非現実的なものに思えたかもしれません。そして、一見すると確かにそのとおりです！　しかし今は、それが増し続ける喜びの源でもあるとお分かりいただけたと思います。

結局のところ、人生全体を変容するよう私たちを招いているのは、パウロだけでなく、私たちを愛しておられる神ご自身でもあります。だからこそ、パウロはこう書くことができたのです。「絶えず祈りなさい。すべてのことにおいて神に感謝しなさい。これが、キリスト・イエスにあって神があなたがたに望んでおられることです」（Ⅰテサ5・17〜18）。

第4章　観想と支援《ケア》の働き

はじめに

ローマと言えば、「彫像の街」です。ローマの通りを少し歩くだけで、たちまちさまざまなタイプの大理石の像と出会います。遊び心のあるものや凶暴そうなもの、美しいものや醜いもの、官能的なものや霊的なものなど、いろいろな像があります。私はある散歩の途中で、エジプトのオベリスクを背負った小さな石の象に出会いました。この人懐っこい動物を見ていたら、ある話を思い出しました。

大きな大理石の塊にノミとハンマーを使って懸命に作業している彫刻家がい

た。少年がそれを見ていたが、大小の石の破片が飛び散っているだけで、何が起こっているのかさっぱり分からなかった。しかし数週間後、少年が再びアトリエを訪れると、大理石があった場所に大きくて力強いライオンが座っていた。少年は興奮して、彫刻家に駆け寄って尋ねた。「先生、教えてください。大理石の中にライオンがいると、どうして分かったのですか?*」

彫刻という芸術《アート》は、第一に、見ることにおけるアートです。ミケランジェロは一つの大理石の塊の中に、死んだ息子を膝に乗せる愛情深い母親を見ました。別の塊の中には、迫り来るゴリアテに石を投げつけようとする自信に満ちたダビデを見ました。さらに別の塊には、怒りに満ちたモーセが立ち上がろうとしている姿を見ました。

視覚芸術《ビジュアルアート》はまさに「見るという芸術」であり、修練の実践とは、うっすら見えたものをはっきりと見えるようにすることです。巧みな芸術家は、大理石の中に

* この物語は、トーマス・ホラの『実存的メタ精神医学』(New York: Seabury Press, 1977)、p.20にヒントを得た。

何十億年も隠れていた人物を解き放つ解放者です。芸術家は、その人物の真のアイデンティティーを明らかにするのです！

「解放者としての彫刻家」というこのイメージは、観想と福祉活動やミニストリーとの関係を見事に表現しています。「観想する」とは見ることであり、「仕える」とは見えるようにすることです。観想的な生活とは「見ている」生活であり、他者をケアする生活とはその見たものを他者に明らかにする生活です。

私がこの定義にたどり着いたのは、東西の修道院の霊性に大きな影響を与えた砂漠の教父の一人であるポントスのエウァグリオスの著作からでした。エウァグリオスは、「観想」を「テオーリア・フィシケ」と呼び、それは物事（physike）の本質を見ること（theoria）を意味します。

観想家とは、物事の真実の姿を見る人、本当のつながりを見る人、トマス・マートンがよく言っていた言葉を使うなら、「特ダネは何か（what the scoop is）」を知っている人です。先にも述べたように、それを見るためには、特定の修練の実践が必要です。

エウァグリオスは、修練を「プラクティケ（praktike）」と呼びました。それは、物事をはっきりと見るのを妨げている目隠しを取り除くことです。エウァグリオスの著作に精通していたマートンも、同様の考えを述べています。彼はゲッセマネ修道院の修道士たちに、「観想的生活とは、不透明であることから透明へ、暗くて見通しがきかずに閉ざされている場所から半透明で、開かれ、それ自体をはるかに超えた視界を提供する場所へと、絶えず移行する生活である」と語りました。なんとうまく表現していることでしょう！

この省察では、まず、この「不透明であることから透明への移行」が起こるさまざまなレベルについて見ていきます。なぜなら、それによって私たちの生活がどのようにテオーリア・フィシケ（物事の本質を見ること）になるのかがはっきりと理解できるからです。不透明から透明へと移行するこの道のりは、観想における神との交わり《コミュニオン》という修練、すなわちプラクティケによって支えられなくてはなりません。

そこで、そのための具体的な修練も見ていきます。そうすることで私たちは、存在（being）と行為（doing）、観想とミニストリーの関係をより明確に理解することができるようになると思います。この関係は、彫刻家が大理石の塊の中に見るものと、実際に石を削るという彫刻家の行為（修練）の関係のように親密なものです。

観想的な生活

観想的な生活とは、エウァグリオスに言わせると、私たちの世界を透明な世界、それ自体を超えたところを指し示す世界として見るようになる生活です。祈りの中で神を見出すとき、私たちは世界の本質が見えるようになります。外を覗《のぞ》けない窓は窓の役目を果たさないように、この世界も、不透明なままでその先にあるものを指し示さないのであれば、その真のアイデンティティーを表せません。

したがって、探究の旅にいる私たちは、自然との関係、時間との関係、人との関係という三つの中心的な関係において、不透明な状態から透明な状態へと絶えず移行するように努めなければならないのです。

自然との関係

ここ数十年、自然環境との関係の重要性が特に意識されるようになりました。樹木や川や山や野や海を、自分のニーズに従って（現実のニーズであれ捏造《ねつ》されたニーズであれ）自分が操作する所有物と見なす限り、自然は不透明であり、その真の本質を私たちに明らかにしません。木を単なる椅子の材料としてしか見ないなら、木は成長についてほとんど私たちに語りかけないでしょう。川が産業廃棄物の投棄場でしかないなら、それはもはやその動きについて私たちに情報を提供してくれません。そして、花をプラスチック製の装飾品の見本に過ぎないと考えるなら、花は生命のシンプルな美しさを私たちに明らかにする力を失います。

自然界にあるものを、私たちが利用するための資源としてのみ扱うなら、それは不透明になり、その不透明さは公害として私たちの社会に現れます。汚れた川、スモッグに覆われた空、掘り尽くされた丘、荒れ果てた森は、私たちが自然と誤った関係を持っていることを示す悲しいしるしです。

自然は本来、私たちが所有するものではなく、賞賛と感謝をもって受け取るべき贈り物です。その真実を受け入れることこそが、私たちにとっての難題であり、緊急の課題です。私たちに住まいを提供してくれる川や海、丘や山に心から敬意を払うとき、初めて自然は透明になり、その真の意味を明らかにしてくれるのです。

以前、友人から美しい睡蓮《すいれん》の写真をもらったことがあります。どうしたらこんな素敵な写真が撮れるのかと尋ねると、彼は笑顔でこう言いました。「まあ、強い忍耐と深い注意力が必要でしたね。何時間も睡蓮を褒めたら、やっと私に写真を撮らせてくれたのですよ」

どんな自然にも深い秘密が隠されており、私たちが注意深く、忍耐強く耳を傾けなければ、その隠された知恵や深遠な美を明らかにすることはできません。

ジョン・ヘンリー・ニューマン［19世紀の英国のカトリック司祭］は、自然を目に見えない世界を暗示するヴェールとして捉え、このように言います。「目に見える世界は目に見えない世界のヴェールであり、目に見える形で存在するもの、あるいは目に見える形で起こることは、すべてそれ自体を超えた人物、事実、出来事の体系を隠しつつも示唆し、何よりも支えているのである」*。

もし、私たちがこのヴェールをつねに意識し、自然がいつも私たちに聞かせ、また見せようとしている創造主の偉大な愛の物語を全身で感じ取ることができるなら、どれほど生き方が変わるでしょうか。自然界は創造主の愛を指し示すのです。私たちが共に暮らす動物や植物は、誕生、成長、成熟、死について、優しいケアの必要性について、そして特に忍耐と希望の大切さについて教えてくれます。

そしてさらに深遠なことに、水、油、パン、ワインはすべて、それ自体を超えて、私たち自身の再創造という大きな物語を指し示します。

現代は自然とのつながりが希薄になり、悲しいことに、もはや自然が私たちに

＊『エッセイ 批評と歴史』第1巻（London: Longmans, Green, and Co., 1901）, p. 192.

差し出してくれる働きかけを受け取ろうとしなくなっています。私たちはミニストリー《ミニストリー》というものを、人による人のための働きに限定しがちです。しかし、もし自然から癒やしや助言や教えを再び受け取るようになるなら、私たちはこの世界に対して計り知れない奉仕をすることができるはずです。

多くの人々を取り囲むとてつもなく人工的で醜悪な環境は、対人関係の問題と同じくらい、あるいはそれ以上にひどいのではないかと、私はよく思うのです。

私は、高齢者の介護《ケア》に携わる中でこのことを痛感してきました。お年寄りは、自分の環境の醜さに苦しんでいます。私たちが彼らの家や部屋をもう少し美しくする手助けをするだけで、彼らに多くの癒やしと安らぎを与えられるのではないでしょうか。高齢者の生活に、世話を必要とする、成長して枯れる本物の植物があれば、彼らも寂しくなくなるかもしれません。私たちが思っている以上に、植物と人間のあいだには多くのことが起こっているのです。私たちは花に語りかけたり、花について話したりします。おそらく、私たちが注意深く語る生と死の意味を説く言葉よりも、花のほうが癒やしの力を持っているかもしれません。

現代の巨大な環境問題に敏感な、自然界の不透明さを取り除くために努力している人たちは、人間と宇宙のために真の働きを行っているのです。そのような人たちは、人間だけが神の大きな愛を伝えるのではなく、動物や植物も生命の循環を語り、孤独を癒やすのだと認識する賢明さを持っています。

私たちも自然との関係において、不透明なものから透明なものへと移行するよう努めようではありませんか。透明性は、私たちが世界をより深く理解し、よりよく見えるようにしてくれるだけでなく、私たちが教え、癒やし、礼拝することにも惜しみなく貢献してくれるでしょう。

時間

時間と私たちとの関係も、観想的な生活によって、不透明なものから透明なものへと継続的に移行を促されるべき関係です。時間はいつも私たちの大敵になる恐れがあります。

現代社会で私たちを隷属しているのは、お金よりもむしろ時間かもしれません。私たちは言います。「やるべきことをすべてできればいいのですが、時間がありません。手紙を5通書き、友人を訪ね、音楽の練習をして、電話をかけ、ほかにも買い物、料理、掃除など、今日しなければならないことを考えるだけで疲れてしまいます」。

確かに、私たちは年中「時間がない」と感じているようです。なぜなら「時間が私たちを支配しているから」です！　締め切りを守らなければならない、短時間で仕事をこなさなければならない、時間に間に合うように準備しなければならないなど、絶え間ないプレッシャーがあり、その犠牲になっていると感じることもあります。

簡単な会話でも、「すみません、今、ちょっと時間がなくて」という言い訳をよく耳にします。そして、互いに頼みごとをするときは、「お忙しいとは思いますが、ちょっとだけお時間いただけますか？」と前置きして頼みます。昼食は急いで簡単に済ませ、重要な決断をするにも「一口つまみながら」だったりします。目の前の時間があっという間に埋まっていくのを見ると、いつも慌てているという不思議な感覚が意識に浸透します。そのため、「誰が、何が、私を駆り立てているのだろう？　なぜ、私はこんなに忙しく、生活に余裕がないと感じられるのだろう？」と疑問に思うことがあります。

これらのことは、時間がいかに不透明で、暗く、不可解なものとなっているかを示唆しており、私たちはそれを**クロノス**として体験します。人生はクロノロジー（年表）、つまり私たちにはコントロールできない事件や事故の連続を、無作為に集めたものに過ぎないのです。人生をこのようなものとして体験していると、やがて鬱《うつ》や宿命論に陥ってしまいます。

宿命論は、時には退屈さという名の下で現れます。退屈とは、何もすることがないという意味ではなく、何をやっても、何を言っても、実際には何も変わらないという感覚に苛《さいな》まれることです。自分の言葉や行動とは無関係に、自分から離れたどこかですべてが決定されている、という感覚です。

したがって退屈とは、**クロノス**としての時間の中で生きていることの症状です。**クロノス**が示す逆説は、私たちが最も退屈を感じるのは、急いでいるとき、忙しすぎるとき、締め切りに追われているときだということです。この退屈は、私たちにとって時間がいかに不透明なものになってしまったかを示しています。

日々、主と共に充実した時間を過ごすことを選択していると、時間の不透明さが薄らぎ、透明になっていくことにゆっくりと気づくでしょう。これは非常に難しい、ゆっくりとした道のりですが、再創造のパワーに満ちています。一日、一週間、一年のうちにあるさまざまな出来事は、私たちが充実した人生を求める上での障害ではなく、むしろそこに続く道であると理解するようになります。

それこそが本当の意味での回心の体験です。掃除や料理、手紙を書いたり仕事をしたり、人を訪ねたり世話をしたりといったことは、自分の本当の姿を実現するのを妨げる、行き当たりばったりの出来事ではないと気づくのです。

　これらの自然で日常的な活動は、私たちの生き方を変える力を秘めています。私たちは、**クロノス**として生きる時間から**カイロス**として生きる時間へと、人知れない道を通っているのです。**カイロス**とはギリシャ語で「機会」を意味します。私たちの人生における正しい時、本当の瞬間、チャンスです。

　私たちの時間が**カイロス**になるとき、私たちは解放され、無限の新しい可能性へと開かれます。**カイロス**を生きることは、私たちに深遠な心の変化をもたらす機会を与えてくれます。

　イエスの人生では、あらゆる出来事が**カイロス**になります。イエスは「時が来た」（マルコ1・15）ということばで公の務めを始め、その一瞬一瞬を機会として生きます。そして最後には、自分の時が近いことを告げ（マルコ14・41）、**カイロス**として最期の時を迎えます。そうすることで、イエスは歴史を宿命論的な時間の連続から解放するのです。

イエスの生と死が真に「良い知らせ」であるのは、私たちの人生の出来事はすべて、戦争や飢饉や洪水、暴力や殺人といった暗い出来事さえも含めて、取り返しのつかない宿命ではないことを私たちに見せてくれるからです。

一つひとつの瞬間は、「変化の瞬間」になる可能性を秘めた種のようなものなのです。つまり、大理石のかけらが飛び散っているだけだと思っていたものが、重要な働きとしてその姿を表すようになってきます。それは、私たちが神の真の姿を見るのを妨げていたものを取り除くという、必要な、しかし時には痛みを伴う働きです。

私たちがこの道を生きるようになると、もっと良い人生を求めて、現在の時間から逃げ出したくなることはもはやありません。時間や永遠との関係において、自分の人生やこの世界の、より真実な姿を見ることができるようになります。時間の中に永遠をかいま見られるようになるのです。

この時点で退屈は消え去り、人生の楽しい瞬間も苦しい瞬間も、新たな深い意味を持つようになります。そしてそのとき私たちは、時間が自分にとって透明なものになっていくと気づくのです。

したがって、観想的な生活とは、多くの嫌な瞬間のあいだにいくつかの良い瞬間を提供する、というものではありません。私たちのすべての時間を、見えない世界が見えるようになる窓へと変える生活なのです。

すべての真の支援の働きとミニストリーの核心は、時間を透明化することです。それによって人生の最も具体的な状況において、人生がより深くまで見えるようになります。祈りに時間を費やし、御父と交わるとは、決して無駄なことではありません。なぜなら、その交わりの中でこそ、神の御手が一瞬一瞬私たちと共にあることを見て、その一瞬一瞬を神や隣人との連帯の機会として生きることができるからです。時間を**カイロス**として生きるのです。

高齢者や貧しい人々、肉体的・精神的・霊的に縛られている人々など、苦しんでいる人たちは、自分にはどうしようもないという諦めの感覚を抱えています。しかし、私たちの祈りと支援の生活は、この諦観の鎖を断ち切る助けとなるかもしれません。彼らが招かれているいのちの本質を知る旅に出ることを、応援できるかもしれません。

そのとき私たちは、貧しい人に良い知らせを、捕らわれ人には解放を、目の見えない人には目の開かれることを告げることによって、主の弟子として生きているのです（ルカ４・18）。

人々

不透明から透明への移行へと私たちを招く第3の関係は、他者との関係です。他者との関係では、先の二つの関係以上に日々の静まり《ソリチュード》と観想の時間、すなわち「テオーリア・フィシケ」（本当のつながりを見ること）の重要性が明らかになります。

私たちは、興味深い人物や特別な資質を持つ、注目に値しそうな人と関わるようにと、無意識のうちにも学んできました。私たちはいつも、面白い人物に興味をそそられるのではないでしょうか？ 映画スターであれ犯罪者であれ、スポーツの英雄であれ殺人者であれ、ノーベル賞受賞者であれ変質者であれ、私たちは彼らの人物像や人生に好奇心を抱きます。時にはその魅力に取り憑《つ》かれ、本能的にそのような変わった人物に近づきたくなることもあります。

彼らに会ってみたい、握手したい、サインをもらいたい、あるいはじっくり眺められるくらい近づきたいと思うのです。大衆雑誌『ピープル』は、有名人に関する人々の好奇心を満たすことで大きな収益を得ています。また、新聞の一面は、実際の出来事を報道することがどんどん減り、代わりに賞賛や非難を呼ぶような珍しい出来事の写真や報道が増えています。

ローマはテヴェレ川の両岸［テヴェレ川の西側にバチカン、東側には多くの観光地がある］でこの現象を観察できるので、この点において絶好の都市の一つです！　世俗の新聞を読めば、地上は誘拐犯に、空はハイジャック犯に支配されているかのように感じます。宗教誌を見れば、聖職者の世界も私たちの好奇心をそそる人たちに事欠かないかのような錯覚に陥ります。

私たちが出会い、関わりを持つ人々が、自分にとって単に「興味深い人物」でしかないなら、彼らは不透明なままです。「興味深い人物」としてしか自分を見てもらえないなら、その人は自分の内面の美しさや人生の秘密を私たちに明かしてくれるでしょうか？ それどころか、特定の特徴で人を捉えるとは、その人を非常に狭い視点でしか見ないことです。私たちの視野が狭められ、その人の本当の大切なアイデンティティーが隠れてしまいます。

特に、支援職の現場にいると、いつの間にか素早く安易な人物像のレッテルを他者に貼り、それでその人を理解したかのような気になりがちです。「神経症」「精神病質」「統合失調症」などの精神医学的なレッテルだけでなく、「未信者」「異教徒」「罪人《つみびと》」「進歩的」「保守的」「リベラル」「正統派」などの宗教的レッテルも、実際の人についての誤った理解を生み、私たちの隣人であるその人の本質を表すよりも、自分自身の中にある不安が露《あら》わになるだけです。

恐れは大きな障害物であり、私たちは人間関係の中で怯《おび》えていることがよくあります。しかし、恐れによって他者を箱の中に入れてしまわないよう努めたいものです。そして心を開いて兄弟姉妹を理解するよう心がけ、私たちの父である神の子どもとしてふさわしい尊厳と尊敬を、彼らに与えるために努力したいものです。「パーソン（Person）」という言葉は、「響き渡る（sound through）」という意味のラテン語の「ペルソナーレ（personare）」から来ています。日々の人間関係の中で、相手について一目見て分かる以上のことを認識し、知ることのできる充分なスペースを自分の中に持ち、「響き渡らせ」たいものです。

私たちが自分で把握できるよりも大きな愛、自分で明確にできるよりも深い真理、自分で想像できるよりも豊かな美しさを、忠実に「響き渡らせ」ましょう。私たちは互いに対して透明であること、つまり、外見的な特徴をはるかに超えて、愛と真理と美を造られた真の創造主を指し示すように召されているのです。

「愛しています」「感動しました」「感謝しています」と言われると、あなたはすぐに身構えてしまい、「自分のどこが特別なのだろう」と思ってしまうかもしれません。私よりずっと愛すべき人、もっと賢い人がたくさんいるのでは」と思うかもしれません。しかし、そのとき、あなたは自分が耳にするよりもずっと偉大で深いものを他者に向かって響かせるべく召されていることを忘れてしまっています。

神の美しさと神秘を、毎日時間をとってテオーリア・フィシケとして観想する、つまりそこに本当にあるものを見るとは、対人関係において重要かつ深遠な意味を持ちます。自分たちが「響き渡る」とはどういうことなのか、私たちは具体的に見たり聞いたりすることがあまりないかもしれません。しかしそれでも、互いに対して抱く視覚的な印象を超えたところにあるもの、またその下にあるものを見ているのです。恐れは消え去り、自分の本当の賜物と相手の賜物を認識し、互いを知るようになります。相互性とケアの中で、私たちは互いを肯定し合い、互いから受け取ることをあまりちゅうちょしなくなります。

観想とミニストリーの間、神との交わりと互いにケアし合うことの間の親密なつながりが、そろそろ分かってきたのではないでしょうか。私たちが神と共に過ごす時間は、自分が支援する人々の中にある美しさや賜物を見ることのできる新しい目を与え、私たちが行う支援そのものをも変容させます。

私たちは、困っている人から何かを受け取ることを期待しているわけではありません。しかし彼らから「響き渡って」くるものを肯定し、受け取ることで、彼らは私たちにとって贈り物となります。そして、私たちが彼らの美しさを認識することで、彼ら自身も自分のユニークで神秘的な価値を認識し、受け入れるようになりますようにと願うのです。

他者が私たちに見せてくれている愛と真実と美しさに、その人自身が気づくのを助けること以上に美しい務め《ミニストリー》があるでしょうか。現代は、多くの人が自分の価値を疑っている時代です。私たちは、自らの命を奪うほどの自虐感に陥る瀬戸際にいます。ですから他者を助けようと手を差し伸べることで、私たちのケアやミニストリーはいのちを与え、実を結ぶものになるのです。相手の中にある、分かち合われることを求めている隠れた贈り物を見抜くとき、私たちは双方ともに新たな生命とエネルギーを見出します。

何も与えることができずに苦しんでいる人は数え切れないほどいます。若者は、自分はほとんど何も知らないのだと思い込まされ、大人は、自分に貢献できるものが本当にあるだろうかと疑い、この世界の都市、町、村に住む大勢の人々は、自分を重要な存在だと思ってくれる人などいるのだろうかと考えています。だとすれば、人々の隠れた才能を呼び起こし、それを受け止める働きはなんと美しいことでしょうか。

彼らが与えてくれる愛と真実と美を、彼らと共に祝うことができたら、どんなに素晴らしいことでしょう。これが祈りと支援《ケア》の働きの本質です。観想はミニストリーを豊かにし、ミニストリーは観想を豊かにします。そうやって、私たちはますます大きな喜びで満たされます。つねに変化する人々の生活の中で神が私たちに啓示され、一人ひとりの兄弟姉妹の美しさが神の顔を覆うベールを取り除いてくれるのです。

観想とミニストリーには、不透明さから透明さへの絶え間ない移行があります。それは、所有物と見なす自然から、賞賛と感謝をもって受け取る贈り物としての自然への移行です。事件や事故が無作為に起こる時間から、心が変えられるための絶え間ない機会としての時間への移行です。そして、「好奇心をそそる興味深い人物」と見なす人間から、「本人が思っていた以上に自らを豊かに響き渡らせている」人間への移行です。

これは、「自然界は決して所有物ではない」とか、「時間は決して**クロノス**ではない」とか、「人々は決して興味深い存在ではない」という意味ではありません。これが意味するのは、「そのように見なすことが普通になるなら、私たちの世界は不透明なままであり、物事が本当はどのようにつながっているのかを見ることができないだろう」ということです。

しかし、少しずつ目隠しを外し、自然界を贈り物として、時間を**カイロス**として、人々をパーソン（persons、つまり響き渡る存在）として見られるようになれば、私たちの世界全体が、神の大きな愛を絶えず私たちに明らかにしてくれる秘蹟であることも分かるでしょう。それこそが、エウァグリオスが語った「物事の本当の性質《テオーリア・フィシケ》」なのです。

観想的な祈り

心の中のライオン

最後に、観想的な祈りの実践を見てみましょう。プラクティケを見ずにテオーリア・フィシケを見るなら、私たちはたちまち惑わされます。祈りや観想、そしてミニストリーとの関係についてロマンチックな考えを持つのはとてもたやすいのです。

しかし、観想的な生活とは、自然、時間、人々など、すべての被造物が透明になり、神について、また私たちへの神の愛について、私たちに語りかけるような生き方を選択することです。ただし、観想をそのように包括的に捉えるとき、支援《ケア》の働きと祈りは同じであると思ってしまうかもしれません。それはあまりにも単純化しすぎです。「私の仕事は祈ることです」と言うなら、見るという行為には、よく訓練された目が必要であることを忘れています。

「先生、教えてください、大理石の中にライオンがいると、どうして分かったのですか？」という彫刻家に対する少年の質問は、非常に現実的な問いであり、おそらく最も重要な問いでしょう。

神は自然のヴェールを通して見えるようになるのだと、どのようして私たちに分かるのでしょうか？　私たちの時間はすべて、心が変えられる機会でもあると、どのようにして気づくのでしょうか？　人は自分に聞こえる以上に響き渡るものだと、どうやって知るのでしょうか？

これらのことは、簡単に気づけるものではありません。というのも、私たちの多くにとって、世界は非常に不透明なものだからです。大理石を見ても、そこに分厚い石の塊しか認められないのです。結局のところ私たちは、人生の厳しい事実を見ようとせず、ただ見たいものを見ているだけのロマン主義者なのではないでしょうか？

私たちはここで、人生全体、そして祈りや支援活動全体における中心的な問いに触れています。大理石の中にライオンなどいるのでしょうか？　この世界に、愛に満ちた神はおられるのでしょうか？「神の臨在」などあるのでしょうか？

それとも、祈りを通して神を知ろうとする私たちの心と霊の旅路は、単なる希望的観測に過ぎないのでしょうか？　私たちが他者に与え、また他者から受け取ることができるというのは、集団的幻想なのでしょうか？　神を見ようとすることで、日々を生きる上での苦々しい現実が見えなくなり、惑わされているのでしょうか？　大理石の中にライオンを見ても、そのライオンが私たちの行く手を阻んでいることに気づかないのでしょうか？

少年の問いには答えがあります。それは、私たちをいら立たせると同時に鼓舞する答えです。少年の問いに対する彫刻家の答えはこうです。

「私が大理石の中にライオンがいると分かったのは、大理石の中のライオンを見る前に、自分の心の中にライオンを見たからです。ここには、あなたと分かち合いたい深遠な秘密があります。大理石の中に見えたライオンは、じつは私の心の中のライオンだったのです」

観想的な祈りの実践とは、私たちの心に住んでおられる生ける神を「見る」ようになるための修練です。私たちの存在の中心に住まわれる方に、注意深く思いを向け続けるとき、私たちは次第にそれを認識するようになるのです。

私たちの心におられる御父を知り、愛するようになると、私たちのすべての感覚をご自身のものとしておられるこの驚くべき**臨在**に、自分自身を委ねるようになります。祈りの修練によって、私たちの鼓動や呼吸、思考や感情、聴覚、視覚、触覚、味覚に入ってこられる内なる神に対して目覚め、開かれるのです。

この内なる神に目覚めることで、私たちを取り巻く世界の中にもおられる**臨在**をも見出すのです。ここにもまた、私たちの前に秘密があります。私たちがこの世の中に神を見るのではなく、私たちの内におられる神が、世界の中におられる神を認識するのです。神は神に語りかけ、霊は霊に語りかけ、心は心に語りかけます。

したがって観想とは、神のこの自己認識に参加することです。私たちの中に生きている神の霊は、私たちの世界を透明にし、私たちを取り囲むすべてのものの中に神の霊が存在することに目を開かせてくださいます。私たちは心の中心から世界の中心を見るのです。これは、観想とミニストリーの間の親密な関係を説明します。

聖フランチェスコが、太陽や月や動物たちと話をしたのは、彼が素朴なロマンチストだったからではありません。彼は禁欲的な修練によって自分の心の中におられる神に目覚め、それによって自分を取り巻くすべてのものの中に主を見ることができるようになったのです。「イエスの小さい兄弟・姉妹会」があえて目立たない、多くの場合単調に見える仕事を選ぶのは、ほかにもっと良いことがないからではありません。彼らが礼拝の時間に見た神の愛のケアを、最も貧しい人々にも見えるようにしたいと願うからです。彼らは、人間の苦しみの真っただ中に神を運びたいと願っているのです。カルカッタの「神の愛の宣教者会」は、観想という親密さの中ですでに神の臨在を体験しているので、最も貧しい人々の中にも神の臨在を体験します。このように、すべての真のミニストリーは、神が住まわれ、神に知られ、神に愛されている、よく訓練された心の中にその源泉があるのです。

この世界で神を知ることとは、「心で」神を知ることであり、心で神を知ることは、観想という修練の基礎となります。神との時間を見つけ、その時間に忠実であるとは、特に頭を使って仕事をすることが多い私たちにとって、とても難しい修練です。

しかし世界を大切にし、より良い場所にしたいという自らの切望を、真剣に受け止めるべきです。そして私たちの精神的な防御をすべて打ち破り、心で神を知るために、厳しく、苦しいことも少なくないこの取り組みを、厭《いと》わないようにしましょう。

シンプルさと従順さ

この闘いの激しさを過小評価してはなりません。私たちは日々生活する中で、数々の書類、人々、テレビ、カクテルパーティー、要求の多い子どもたち、そして友人との別れによる喪失感などに囲まれています。私たちは、自分の日々の責任や必要、混み入った議論や周囲の言葉の多さという網に、神のことばが絡め取られてしまう危険に絶えずさらされているのです。神のことばを他の人々に伝えることを真剣に考える者として、私たちには観想的な祈りの修練が緊急に必要です。

観想的な祈りには、特に重要だと思われる二つの主要な特徴があります。シンプルさと従順さです。観想の祈りにおいて、私たちは何よりもまず、単純に、非常に単純になりましょう。祈りの中で、神のことばは私たちの頭から心へと降りてきて、そこで実を結ぶようになります。

ですから私たちは、心の中で長々と分析したりあれこれ語ったりすることを避け、一つの単語や文章に静かに集中するよう熱心に努めましょう。それを反芻《はんすう》し、小声で繰り返しつぶやき、咀嚼《そしゃく》し、食することで、心の奥底で神のことばの力を実感することができるのです。

第2に、祈りの中で私たちは従順でありましょう。従順（obedient）という言葉は、「聴く」という意味の「オーディア（audire）」に由来しています。観想的な祈りは、愛なるお方の声に心から耳を傾けるよう私たちに求めます。愛なるお方が願うままに、いつでもどこでも自由に語っていただき、それを自分で操作しようとしないでください。**愛**ご自身に導いていただき、私たちのコントロールは放棄しましょう。

私たちはコントロールを放棄することを恐れています。なぜなら、神が私たちの期待しないことや聞きたくないことを語るかもしれないと思うからです。しかし、私たちがじっくりと深く耳を傾けるなら、神はそよ風や細い小さな声として私たちに表されます。

神は交わり《コミュニオン》を願っておられ、優しい慈しみをもってやって来てくださるのです。この心の神に従順に耳を傾けることをしないなら、神の声が聞こえないまま、人生はますます不合理なものになっていきます。「不合理（absurd）」という言葉には、「耳に入らない」という意味の「スルドゥス（surdus）」という単語が含まれています。不合理な人生は、従順な人生の反対です。

このように、単純さと従順さをもって神の前に出るとき、私たちは祈りを通して心で神を知るようになります。私たちが心の中で愛なるお方を知るとき、世界や自然、歴史、そして何より人々の中におられる愛なるお方を認識することができます。

愛するお方との日々の忠実な交わりというこの修練こそ、私たちが行い、語り、創造することすべての根底にある霊的生活の基礎となるのです。

結びとして

この考察で私が試みたのは、物事の本質を見ることについての「テオーリア・フィシケ」と、祈りの実践と修練という「プラクティィケ」に、現代的な意味を持たせることでした。私はテオーリア・フィシケを観想的生活、プラクティィケを観想的な祈りと呼びました。

エウァグリオスによれば、プラクティィケとテオーリア・フィシケは、「テオロギア」［神学を意味するtheologyの語源］にその頂点があります。テオロギアとは神を直接的に知ることであり、それは、すべてのいのちの神聖な源を観想することにおのずとつながっていきます。

ここで私たちは、観想的な祈りの実践を超え、物事の本質を見ることとさえも超え、私たちを「愛する娘や息子」と呼んでくださる神との最も親密な交わりに入ります。この頭《マインド》と心《ハート》の交わりは、私たちの最も深い切望に対応するものであり、何よりも偉大で何よりも素晴らしい贈り物です。

それは、完全な合一感、休息、平和の恵みです。それは、私たちの霊的旅路における頂点です。なぜなら私たちが不思議と日常を超越し、神の内なるいのちの中心で自分自身を知り、また体験し、さらに神の御手の尊い作品である私たちの世界を知り、経験することになるからです。

この体験では、自分の祈りの質や支援《ケア》の働きの深さについて心配することはありません。その区別は、私たちにとってもはや重要ではないからです。不透明から透明への通路を通り抜ければ、私たちが「愛なるお方」そのものを見て、その中で生きることを妨げる目隠しはもう存在しません。

私たちの人生におけるこのテオロギアは、イエスの人生におけるタボル山での変容の体験のようなものです。それはごく少数の人にしか与えられない稀有《けう》な体験です。一瞬だけ、最もはかりしれない、最も深遠な親密さを体験しますが、その後、見たことを他の人に話してはいけないと言われ、山を下りなければなりませんでした。

私やあなたは、人生の大半を山頂ではなく、貧しい人々に福音を伝えるという特権的な召命を受けた谷間で過ごすかもしれません。しかし私たちは神と出会います。なぜなら、神は「臨在」であり、「愛」であり、「憐れみ《コンパッション》」であるからです。

私は、少年と彫刻家というたとえ話から始めました。私たちの「はじめの愛」と親密につながる内なる生活と、他者のために「命を捨てる」外的生活との密接な関係を見るのに役立つと思ったからです。私は本書を、次の望みをもって終えたいと思います。

その望みとは、私たちが勇気を持って目隠しを取り去り、愛に満ちた父であり母である神の、愛する息子や娘としての私たちの真の姿《アイデンティティー》を明らかにする人生を選択することです。そして、こう祈ります。「教えてください、大理石の中にライオンがいると、どうして分かったのですか」という問いの答えの中にある真理と喜びを知って、私たちがこの涙の谷で互いに対する神の臨在となりますように。

あとがき

白粉《おしろい》を塗った顔

本書の四つの章は、ローマに住む英語を話す男女の修道者からの非常に具体的な質問に対する応答として書かれました。しかし、これらの省察を振り返り、全体として見たとき、当初の質問を超えた価値があるのではないかと思い至りました。

人は誰しも、静まり《ソリチュード》（内なる空白）を、祈りを、そして観想を深めたいという願いを、どこかの時点で、何らかの形で経験したことがあるのではないでしょうか？ 神と二人きりになりたい、心のいちばん深い部分に愛なる方との出会いの場を作りたい、人生や愛についての真理をもっとはっきりと見て、もっと深く聴きたい……そのような切望は、すべての人が経験することではないでしょうか？

たいていの場合、こうした願望や切望は隠されたままか、日々の仕事やいろいろな付き合いの波にたちまちさらわれてしまうのですが、完全に消えてしまうことはないでしょう。

特に、ここ数十年のコミュニケーションの爆発的な拡大によって、私たちは自分の内なる風景をより深く認識するようになりました。私たちの多くは、自分の内なる生活をもっと意識の前面に押し出し、内面と外面の生活により一貫性をもたせるための指針を求めています。

独り静まること、独身でいること、祈り、観想は、すべての人にとって価値がありますが、このことに特別な願いと召命を個人的に深く感じている人もいます。そういう人たちは、これらの価値観によって支えられ育まれる聖なる生活に自らを捧げ、この内なる旅路をよく見えるようにしたいと願っています。

しかし、これらの価値観を正直に、誠実に、そして豊かに生きることで見えてくるのは、選ばれた少数のためだけの霊的美徳ではなく、ほかの多くの人々にも語りかける生き方なのです。

この世界の英雄たちによる目を見張る行動と行動の間では、いつでも「道化師」たちが必要とされています。それは、神との内なる交わりという空白の中で、ただ神の前に独りになる生活をしている人たちです。道化師の内に住まわれる神は、私たちの「別の側面」に語りかけ、慰め、励まし、希望、そして微笑みを差し出してくれます。ローマは、道化師が必要であると気づくのによい街です。

この大きくて、賑《にぎ》やかで、楽しい、人々を注意散漫にさせる街は、いちばんの注目の的であるライオン使いや空中ブランコの曲芸師になるよう私たちに呼びかけてきます。しかし私たちは、道化師が登場するたびに、本当に大切なものは華やかさやセンセーショナルなものではないと気づくのです。

道化師は、華やかな出し物と出し物の間で何が起こるかを思い出させてくれます。道化師は、その「役に立たない」行動によって私たちに教えてくれるのです。

私たちの多くの関心事、思い煩い、緊張、不安には笑顔が必要であり、それだけではなく、私たちの顔にも白粉《おしろい》があり、私たちもまた少しばかり道化師になるよう招かれているのだと。

ここローマで、私はとても美しい道化師たちに出会いました。彼らは、涙がいつも笑顔を隠し、笑顔がいつも涙を隠している聖なる男女です。この人たちは、私の顔から白粉を拭い去るのではなく、もう少し足してみるよう励ましてくれました。

この本を読んでいる皆さんも、彼らの励ましを受けて、もっと白粉を用いて、独り静まること、独身でいること、祈ること、観想することの尊さを、ご自分の生活の中で体験されることを願っています。

訳者あとがき

本書は、*Clowning in Rome: Reflections on Solitude, Celibacy, Prayer, and Contemplation* (An Image Book by Doubleday, 2000) の全訳です。初版は１９７９年でしたが、しばらく絶版だった後、若干の改訂を加えて２０００年に復刊されました。しかし初版から数十年が経過してもまったく時代遅れに感じることがありません。執筆当時の世相や課題を反映していますが、まるで現代のために書かれたのではないかと思わせるほど、私たちに深く響きます。それはきっと、人間生活の表層部ではなく、その存在の中心にある深い願いや痛みに訴えかけているからではないでしょうか。

私は十数年前に霊的同伴と出会い、その学びと実践を通して「観想」について知るようになりました。それまでも祈りや静まりを経験してきましたが、観想的な祈りの実践を通して、これまで見たことのない景色が目前に開かれていく感覚を覚えました。以来、その体験をさまざまな場で分かち合ってきましたが、日本語で読める良い資料が少なく、私自身がまだ初心者であることからも困難を感じることが多々ありました。

そのような中で、本書の邦訳に関われたことに心から感謝しています。本書は、観想的な生き方とはどのようなものか、それを支える修練はどういうものかを知る上で貴重な資料になると思います。日々の修練を通して「観想」が生き方へと昇華されたナウエンの霊性から紡がれる言葉は、私たちに新たな――実際にはいつも心の奥底にあった――切望を呼び覚ますのではないでしょうか。

教会はこれまで、宣教のためにはビジネスや娯楽の手法を、心や人間関係の癒やしのためには心理学の知見を活動の中に取り入れてきました。それらは現代に生きる教会への神様からの贈り物として、多くの助けを与えてくれました。しかし同時に、どこか痒《かゆ》いところに手が届き切らない、何かが足りないような、そんな焦燥感もあったのではないでしょうか。それは、個人の生活ではさらなる霊的渇きとして現れていたかもしれません。本書は、その渇きに対するナウエンの応答でもあります。

ここで、いくつかの訳語の説明を加えておきたいと思います。第1章のテーマである「独りでいること《ソリチュード》」は、独りになることによって内面の静まりを求めることを示唆しています。第2章の「独身《セリバシー》」は、結婚を願っている人がまだ独身《シングル》でいる状態ではなく、独身を自ら選ぶ生き方を指します。第4章のテーマである「ケア」は、世話をすること、心を配って大切にすることなどを意味しますが、本書ではミニストリーとしての弱者のケアについて語られているため、「支援」と訳しました。また本書全体を通じて、聖餐（コミュニオン）に象徴されるキリストと一体とされる意味での交わりを指します。「神との交わり《コミュニオン》」という表現が何度も出てきます。これはフェローシップではなく、

私たちは、誰もが英雄《ヒーロー》に憧れる世界で、英雄になろう、かっこよく生きよう――そのようなメッセージに日々鼓舞されてはいないでしょうか。しかしナウエンは、「道化師」の中にキリスト者のあり方を見出しました。社会の周縁部にいて注目を浴びることなく、人間の弱さや痛みに共感し、共苦する存在のことです。この社会が価値を置くものから離れた場で、現実を直視しつつもその中に、またそれを超えたところに、善いもの、美しいもの、真実なもの、すなわち神ご自身とその御業を見ている存在です。

ナウエンは、私たちの顔にも白粉《おしろい》が塗られていると言います。そして、それを拭うのでなく、もっと塗ってはどうかと勧めます。本書を訳す中で、「私の顔に道化師の白粉が塗られているとはどういう意味だろう」と何度も自問しました。そして今、少しだけ分かったように思うのです。それはきっと、神の御前に自分が何者であるのかを思い出させてくれるものなのではないか、と。

2024年10月　シカゴにて

中村佐知

著者◎ヘンリ・ナウエン（1932 - 1996）
オランダ生まれ。カトリック司祭。キリスト教霊性の著作で世界的に知られる。40冊以上の著作があり、邦訳も多い。ノートルダム大学、イェール大学、ハーバード大学で教えたのち、晩年の10年間、カナダのラルシュ共同体の牧者として障がいを持つ人と共に生活した。『イエスの御名で』『放蕩息子の帰郷』『いま、ここに生きる』『傷ついた癒やし人』『今日のパン、明日の糧』『アダム』『死を友として生きる』他。

訳者◎中村佐知（なかむら・さち）
神奈川県育ち。シカゴ在住。プリンストン大学大学院卒。哲学博士（認知心理学）、翻訳家。霊的同伴者。伝道者聖ヨハネ エピスコパル教会教会員。
著書：『隣に座って』『まだ暗いうちに』『魂をもてなす』。訳書：『驚くべき希望』『心の刷新を求めて』『聖書に学ぶ子育てコーチング』『福音の再発見』『神のことばによって形造られる』『境界線』『あなたがずっと求めていた人生』『子どもに愛が伝わる五つの方法』他。

ローマの道化師

独り静まること、独身でいること、祈り、観想についての省察

2024年12月25日 初版発行

著者…………ヘンリ・ナウエン
訳者…………中村佐知
装丁…………吉林優
編集協力……三浦三千春
発行者………小渕春夫

発行所………あめんどう
〒101-0062 東京都千代田区神田駿河台2-1 OCC内
www.amen-do.com
電話：03-3293-3603　FAX：03-3293-3605

ISBN978-4-900677-48-7
印刷：モリモト印刷
2024 Printed in Japan